Die kleinen Träume

vom Glück

Geschichten mit Gedichten
von
Ingeborg Christ

EXPOSÉ

Die kleinen Träume
vom Glück

in

Geschichten und Gedichten

werden überall auf der Welt geträumt. Sie erfüllen sich auf verschiedene, oft seltsame Weise ~ oder auch nicht ~ , sei es

Seite 60 in „**Das Salz in der Suppe**", wo jeder eine andere Würze braucht, um das Leben schmackhaft zu machen;

Seite 64 in „**Pako**" für einen chilenischen Straßenjungen, der seinen kleinen Traum vom Glück träumt als einen letzten, barmherzigen Traum;

Seite 69 in „**Rendez-vous im Park**", in dem er alte Heinrich sein letztes Glück in der Freundschaft mit Albert findet, und wieder verliert, und er darüber die wahren Werte erkennen lernt;

Seite 75 in „**Das Geschenk unterm Lindenbaum**" für ein kleines Mädchen und eine ältere Frau, die sich ganz unerwartet ein kleines Glück für die Zukunft schenken;

Seite 79 in „**Anna denkt:**", die ihr noch so junges Leben zwar logisch begreift, aber an Sternschnuppen zur Erfüllung der Wünsche glaubt;

Seite 84 in „**Der Ruf der Kröte**", wo Ann-Kathrin von den Erinnerungen an die Enkelkinder lebt, und hofft, daß alles Gemeinsame zu bunten Mosaiksteinchen im Leben der Kinder werden möge;

Seite 88 in „**Der Tag der Rosa B.**", als diese begreift, daß sie sich in liebevoller, ewiger Sorge um die anderen verzehrt hat, und daraufhin ihrem Alltag entflieht, um sich ein kleines Glück zu gönnen;

Seite 97 in „**So Gott will**", wo das Glück schon darin besteht, im mühsamen Leben am Berg von den Naturgewalten verschont zu bleiben;

Seite 100 im „**s'Träumli**", worin das Glück aus der Einfachheit des Lebens erwächst, und in der Einsamkeit liegt; da, wo viele kleine Träume geträumt werden, und die Fäden täglich neu geknüpft werden müssen, um das Netz zusammenzuhalten.

*

Wir Menschen halten täglich Ausschau
nach dem Glück
und übersehen dabei so leicht
daß es schon da ist.

Ingeborg Christ

Ingeborg Christ

Die kleinen Träume

vom Glück

Geschichten mit Gedichten

© 2010 Ingeborg Christ

Herstellung und Verlag: Books on Demand GmbH, Norderstedt

ISBN 978-3-8391-7411-1

Das Lied der Nachtigall

Einmal die Woche zog Angelina mit ihrem Holzkarren, beladen mit Mais und Melonen, mit Chilli und Knoblauch, mit Auberginen, Zucchini , Tomaten und Bohnen den holprigen Weg vom Hochland der Cordillera de la Costa hinunter ins Tal. Es war eine prächtige Fracht, frisch wie der Sommer und bunt wie der Herbst. An den seitlich aufgesteckten Stäben des Karrens baumelten die leichten selbstgeflochtenen Strohhüte, zusammen mit den buntgestrickten Strümpfen, mit Blumen vom Feld und duftenden Lavendel- und Rosmarienbücheln. Mulo, das Maultier, zog ihn bereitwillig. Manchmal hatte sie auch eine junge Ziege im Schlepptau, die nur meckernd folgte.

Von der Plaza de Alegría unten drang schon der Marktlärm durch die Büsche herauf und drängte Angelina zur Eile, um dort noch einen günstigen kleinen Verkaufsplatz zu erwischen. Die unter den schattigen Kastanienbäumen wurden schon in der Früh von den privilegierten Händlern belegt. Und da nahm sie, was übrig blieb; denn Angelina war keine der lautesten und anspruchsvollsten Marktfrauen, denen einige wenige Quadratmeter Standplatz es wert waren, sich lauthals und übel zu beschimpfen, und die anderteils jedoch Wert auf ein fast familiäres, freundschaftliches Miteinander legten.

Man mußte sich auskennen unter den Marktleuten der Plaza de Alegría, sich mal hier und da bescheiden unter sie mischen, bei Nicolas einen Fisch kaufen, bei Mathilda Orangen und Bananen, oder eine Tüte ihrer süßen Weintrauben, die sie selbst in ihrem fruchtbaren Garten zog; bei der alten Carmen ein paar Süßigkeiten für die Kinder, bei Alberto und Isabel einen schönen Stoff, um den Töchtern neue Schulkittel nähen zu können, und bei Fernandez all das Nötige, das sie für die Hauswirtschaft brauchte. An seinen guten Tagen gab er ihr manchmal noch eine Schaufel Rohrzucker zu. So etwas vergaß Angelina nicht. Während ihrer Einkäufe sprach sie mit ihnen allen, erkundigte sich nach ihrem Befinden und zeigte Anteilnahme. Was auch besonders wichtig war: ihre gute und schöne Ware und deren Frische zu loben, und dabei den damit verbundenen Fleiß anerkennend zu erwähnen. Und da ein jeder spürte, daß dies von Herzen kam, wußte auch sie wahrlich um Arbeit und Mühen, gestattete man ihr meist wohlwollend, in engster Nachbarschaft auf einem kleinen Platz auch ihren Karrenstand einzurichten, nachdem man sich mit einem kurzen Blick von der geringen Menge ihrer einzelnen Angebote, und damit der Konkurrenzlosigkeit, überzeugt hatte. Dennoch war Angelina zu einer geschickten Marktfrau geworden und konnte nach einiger Zeit mit Stolz gewisse Leute zu ihren Stammkunden zählen, die immer wiederkamen, durch das dichte Marktgedränge bis hin zum Stand der Angelina Maria Juanita Molinero.

9

Die Gänge zum Markt lohnten sich für Angelina, ob sie des Morgens mit beladenem Karren vom Berg herabfuhr, und auch Mittags wieder hinauf. Die Pesos und die Haushaltswaren die sie darüber heimbrachte, gaben ihrer Arbeit draußen einen Sinn. Das kleine Feld war ein Gottesacker; ihre Großmutter und die Mutter hatten es ihr einst hinterlassen. Es war ihr Stolz und ihr Glück. Aus seinem guten Boden heraus wuchs alles was sie brauchten, und es ernährte sie ausreichend. Mit ihm fühlte sich Angelina als eine vermögende Frau. Außerdem machte ihr die Feldarbeit Freude. Ihre Hände mußten Pflanzen und Erde spüren. Sie mußte ihnen nahkommen. Nur so wußte sie auch, ob alles gut für sie war und ob sie gediehen. Sie hatte die Erfahrungen von Generationen dafür im Blut. So hatten sie, auch dank ihrer Hände Arbeit, genug zu essen, und durch den zusätzlichen Verkauf auf dem Markt genug Pesos, um nicht zu den Ärmsten des Dorfes zu gehören.

Die Marktgeschäfte schärften auch ihren Verstand und stärkten ihr Wertgefühl. Auch das war gut, um das Leben mit den heranwachsenden Kindern bewältigen zu können. Sie waren zwar in ihre Bescheidenheit hineingeboren worden, und die Erwartung war stets klein geblieben, daß sich die Wünsche erfüllten. Doch über Angelinas Fleiß und geschicktem Wirtschaften, und dem stillen Traum in ihr, den alle Mütter dieser Welt träumen, daß es ihren Kindern besser gehen möge als früheren Generationen in ihrer Kindheit, machte sie manches möglich. Zumindest schaffte sie es, sie auch mit der Erfüllung kleiner Wünsche zu erfreuen und ihren Träumen keine Flügel wachsen zu lassen. Damit erhielt sich auch die Dankbarkeit bei Ihnen. Allein die Ermöglichung des Schulbesuchs mit der Erfüllung aller notwendigen Ansprüche, und der Freistellung von der schweren Feldarbeit, verpflichtete schon zu Dank und Zufriedenheit bei den Kindern. Die Mühe und die Liebe der Mutter machten einen tiefen Eindruck auf sie; und schon früh beteiligten sie sich an der Hausarbeit und den Pflichten in Mitverantwortung für die Familie, damit sich die kleinen Träume vom Glück weiter erfüllen ließen.

Im alten Schaukelstuhl aus Rattan auf der Veranda war Angelinas Platz am Feierabend. Hier kam sie zur Ruhe, und hier träumte sie ihre kleinen Träume vom Glück, davon, wie alles noch besser sein könnte. Und manchmal auch flüchtig die geheimen, in denen das erlebte Glück mit Alfredo nachwirkte, und wie es sein werde, wenn er wiederkäm. Wenn nach einem anstrengenden Tag auch die Kinder schliefen, und im Haus und rundum alles still und stiller wurde, und nur noch der Wind mit den geblümten Vorhängen auf der Veranda spielte und das Lied der Nachtigall in das Hochland hinaustrug, war Angelinas Stunde. Nur ihre Hände wollten nicht ruhen, als stünde es ihnen nicht zu. Emsig flochten sie an den Weidenruten, die sie vorher gebogen und geformt hatte, bis sie sich in eine Rundung für einen tragbaren Weidenkorb oder gar einer Hängematte fügten. Oder sie stopften Kinderwäsche, nähten Flicken über die ausgefranzten Löcher und vervollständigten die Zahl der Knöpfe an Hosen und Jacken. Sie putzten auch die Schuhe für jeden zum Schulbesuch am nächsten Morgen, die die Kinder, am Rucksack hängend, auf ihrem Abstieg ins Tal mit sich trugen.

In dieser Stunde strickten sie auch die Strümpfe, die sie auf dem Wochenmarkt verkaufte, und fertigten die Strohhüte mit den geflochtenen Kordelbändern daran, und vieles mehr. Wie sollten sie auch jemals fertig werden, um einmal nichts zu tun, diese groben braunen, nimmermüden Hände? Und dennoch waren diese Arbeiten keine Last für Angelina; denn sie tat sie in Ruhe und Frieden, ganz abgesehen von dem Erlös, den sie eines Tages bringen würden. Jede Arbeit hatte ihren Sinn und ihren Zweck, und nichts tat man umsonst. Sie war zufrieden mit dem Tag, und zufrieden mit ihren geschickten Händen, die Gott ihr geschenkt hatte, und sah ihnen gerne zu, wenn sie fleißig vor sich hin arbeiteten.

Das einzige Wesen, das ihr in diesen ruhigen Stunden auf der Veranda Gesellschaft leistete, war die kleine Nachtigall, die am Abend ihre Lieder sang. Sie wohnte in einem hübschen Holzkäfig, der auf der Veranda inmitten eines alten buschigen Hibiskus hing. Angelina liebte das Vögelchen; denn es war ihr einmal geschenkt worden. Es war in seinem bräunlichen Gefieder mit ein paar zarten roten Federn, und einer hellen Brust mit weichem Flaum, nicht auffallend schön; aber seine Lieder waren ein abendliches Konzert. Ebenso wie Angelinas Hände am Abend nicht müde zu werden schienen, so sang auch das Vögelchen unermüdlich vor sich hin, oder es zwitscherte in einem Dialog mit seiner Herrin, die ihm ihre Gedanken und Sehnsüchte zuflüsterte, während ihre Hände arbeiteten. Es war ein sensibles Vögelchen; denn es spürte, ob Angelinas Tag froh oder traurig gewesen war, und demnach sang es, oder auch nicht.

Angelina erinnerte sich gerne an den Tag, als Alfredo die Nachtigall mitgebracht hatte. Sie sah ihn immer noch vor sich, wie er den Berghang heraufkam, mit seinem alten Pappkoffer in der Hand und dem Käfig auf der Schulter. Die Kinder hatten ihn zuerst kommen sehen und wegen des Käfigs kaum erkannt. Aber dann hatten sie ihn bestürmt vor Freude, wie immer wenn er heimkam. Angelina hatte ihren kleinen Vogel entgegengenommen und ihm gleich einen ruhigen Platz auf der Veranda gegeben. Es hatte sie sehr verwundert, daß er ihr dieses seltsame Geschenk mitgebracht und sich damit auch noch so sehr abgemüht hatte. Was sollte sie mit einem eingesperrten Vogel in einem Käfig? Genügten nicht all die Vögel, die mit ihnen hier oben in der Weite des Hochlandes wohnten und deren Gesang sie täglich auf den Feldern draußen hörten?

Am Abend, als die Kinder schliefen, hatte er ihr sein Geschenk erklärt „Esta un pajarito cantante especiale, un ruisenor para mia nena"! ~ „Es ist ein besonderes Singvögelchen, eine Nachtigall für mein kleines Mädchen", hatte er sie gewinnend lächelnd angepriesen, und seine großen dunklen Augen hatten geglänzt vor zärtlichem Übermut. Sie möge in den Zeiten seiner Abwesenheit ihr Herz erfreuen. Angelina war gerührt. Und da sich an diesem Abend ihr warmes Herz bereits wieder für Alfredo geöffnet hatte, fand sich auch für den kleinen Vogel einen Platz darin.

11

Alfredo war ein Herzensbrecher, ein Galan! Es war wohl seine leichteste Aufgabe, andere von sich zu überzeugen und zu gewinnen. Er strahlte trotz seiner nicht gerade muskulären Statur männliche Stärke aus. Seine leichte Lebensart war angenehm, und seine Lebenslust ansteckend. Lach- statt Sorgenfalten hatten mit der Zeit sein braunes, verschmitztes Gesicht gezeichnet; denn für die harte Arbeit war er nicht geschaffen, nicht einmal für die kleinen Belastungen des familiären Lebens. Aber man liebte ihn so, wie er war. Es war immer das gleiche wenn er heimkam: kaum hatte er mit seinem unverkennbaren Pappkoffer die letzte Wegbiegung am Berghang unterhalb des Dorfes genommen, brach Fröhlichkeit und Jubel aus, und er gewann alle Herzen. Sogleich war er der Mittelpunkt, um den sich alles scharte. Er hatte unendlich viel zu erzählen, kam er doch aus der großen weiten Welt! Und es wurde gelacht, daß es das halbe Dorf hörte; die Alltagssorgen schienen nicht mehr gegenwärtig. Das gab es nur, wenn Alfredo kam; ansonsten herrschte das harte Leben mit seinem Ernst und ließ keinen Übermut zu.

Bei Alfredo war eben alles anders. Egal wo er herkam und wohin er ging, und wie lange er auch wegblieb, er bewahrte sich seinen Stammplatz in ihrer Mitte auf seine Weise. Damit nahm er auch gleich mit der größten Selbstverständlichkeit seinen Platz als Ehemann und Vater der Kinder ein, als sei er nie weggewesen. Er ließ sich seinen Mate bringen und seine Hüttenschuhe, wo er sich auch niederließ, beanspruchte die erste und größte Portion bei Tisch und Ruhe für seine Siesta, und bei allem Spass genug Respekt von Ehefrau und Kindern, sowie genug Wärme bei der Nacht. Das Geld, das er mit nach Hause brachte, verdiente er auf vielerlei Art und Weise: einmal auf einem Fährschiff zu der Isla de Chiloé, ein anderes Mal in der Küche eines Restaurants in Temuco, auch als Solotänzer oder Puppenspieler, und seit geraumer Zeit in einem Wanderzirkus. Dort hatte er sich viele Kunststücke angeeignet, die er dann seinen Kindern daheim zu deren Freude vorführte. Damit hielt er seinen Platz in ihren Herzen warm während seiner Abwesenheit.

Nur im Winter zur Regenzeit, wenn die Dörfer und Wege im Schlamm badeten, blieb er länger zu Hause. Doch mit den ersten Sonnenstrahlen des Frühlings und dem Erwachen der Natur, gerade dann, wenn sie, Angelina, neues Leben in sich und Lust verspürte, ihr schönes buntes Blumenkleid anzuziehen, das ihr besonders gut stand, ließ er sie mit den Kindern und der Feldarbeit allein. „Der Frühling ist da, und die Vergißmeinnicht blühen"! pflegte er lachend zu sagen, und hielt ihr beim Abschied ein Sträußchen entgegen, überzeugt wie immer, daß er das Richtige tat, und daß ein Jeder Verständnis dafür hatte. Und das hatten sie!

Da es nun mal nicht zu übersehen war, daß Alfredo mit den Angelegenheiten der täglichen Sorgen und Mühen nicht zurechtkam und für die schwere Feldarbeit nicht taugte, hatte Angelina die Dinge übernommen. Es war besser so. Sie hatte die Erfahrung und das Geschick, und mit ihrer Figur auch die Kraft.

12

Auch für die Marktgeschäfte war Alfredo nicht recht brauchbar. Das Maultier war zu sehr an seine Herrin gewöhnt und bockte stur im Umgang mit Alfredo. Und die Kunden spürten, daß er das, was er anzubieten hatte, nicht selbst gesät und nicht geerntet hatte. Sie wollten nicht nur spassig unterhalten, sondern mit Sachverstand bedient werden. Es ging auch nicht, das frische Gemüse ausgebreitet für einige Zeit herrenlos in der Sonne welken zu lassen, um auf einen Wein in die Bodega einzukehren. Auch der Einkauf für die Familie mußte wohlüberlegt getätigt werden, um hier und da ein paar Centavos zu sparen. Und außerdem durfte nichts Notwendiges fehlen. Nein, es war gut, wie es war: es blieb Angelinas Sache, und Alfredo war schlau genug, es einzusehen.

So lebten sie in den Tag und über die Jahre. Bis eines Tages jener Mann kam, um sich nach dem Befinden von Alfredo zu erkundigen. Da er jedoch für längere Zeit schon nicht zu Hause gewesen war, ahnte der Mann Schlimmes und erzählte ihnen die Geschichte von Alfredos schrecklichem Ende. Ein Zirkuswagen habe ihn überrollt, und er habe mit eigenen Augen den Schmerz und die Ohnmacht des Verunglückten mit ansehen müssen. Ein jeder sei in dem Glauben verblieben, daß das nicht zu überleben sei, zumal Alfredo nicht mehr wiederkam.

Nun, das Leben ging weiter wie bisher, wenn er nicht da war, außer, daß sie nicht mehr auf ihn warteten. Aber es wurde seltsamer. Auf die dunklen Nächte folgte weiter ein Tag; doch schien die Sonne, blieb er trotzdem trübe. Die Spiele der Kinder wurden gedämpfter, und ihre Gesichter bekamen nach einiger Zeit einen traurigen Ernst. Die Bohnen auf dem Feld wuchsen weiter, die Tomaten und Melonen reiften, und der Chili glühte rot wie die Liebe; aber sie machten Angelina keine Freude mehr bei der Ernte. Sie versorgte die Kinder für die Schule und kochte das Essen, aber selbst der Maisbrei schmeckte bittersüß. Stumm und ernst straffte und flochte sie die Ruten und fuhr weiter mit dem beladenen Karren hinunter zur Plaza de Alegría und wieder hinauf. Aber auch das war anders als zuvor. Sie kehrte nicht mehr heim mit der gleichen Zufriedenheit und Freude, als hätten die schönen Dinge keinen Platz mehr in ihrem Herzen.

Sie schien wie ein Mensch ohne Sinne geworden. Die Blumen blühten, ohne daß sie sich daran erfreute, und die Vögel sangen nur in der Ferne. Es war, als habe sich ein grauer Schleier über Angelinas Herz und Augen gelegt, der alles dämpfte und verschleierte, und eine unsichtbare Last erdrücke ihre Schultern und nähme ihr die Luft zum Atmen. Ihre fleißigen Hände arbeiteten ohne Kopf. Wie gut, daß sie die Arbeit beherrschten. Ungeschickt waren sie nur an dem Morgen, als sie in der Früh das Feuer in der Küche schürte, um den Wasserkessel aufzustellen. Eine nachglühende Holzkohle aus der Nacht rollte, klebte sich an ihre rechte Arbeitshand und verbrannte sie. Die Folgen waren tragisch und zermürbend. Zu schnell versuchte sie in den Tagen danach das Gemüse und die reifen Feldfrüchte zu ernten und über den mühsamen Weg zum Markt zu verkaufen, um das Leben aufrecht zu erhalten. Bis zu dem Tag, an dem auch die Hand nicht mehr wollte, und ein Fieber mit unruhigen Träumen sie auf die Schlafstatt streckte. Nachbarn suchten nach Hilfe. Doch es dauerte lange, fast zu lange für Angelina. Die Wege ins Hochland hinauf waren weit.

13

„Wenn deine Augen wieder sehen gelernt haben, und deine Ohren wieder hören, und wenn dein Kopf wieder begreift, daß nach jedem Winter ein Frühling kommt, an dem du säen *mußt was du später ernten wirst, dann wird auch deine Hand wieder gesund"*! hatte *sie eine* männliche Stimme an ihrem Bett sagen hören. Dazu aber brauchte es eine Weile.

Es war eine stille, trostlose Zeit. Die kleinen Träume von Freude, Glück und Zufriedenheit schienen ausgeträumt Selbst die Nachtigall, die sie sonst mit ihren Melodien erquicken *konnte, war verstummt.* Wie Angelina *im Haus mehr und mehr kümmerte, hockte auch sie in* ihrem Holzkäfig auf der Veranda. Wer hätte ihr auch am Abend lauschen und sich daran erfreuen sollen in einer so sorgenvollen Zeit? Nur einmal zur halben Nacht hatten sie einen klagenden Gesang von ihr gehört, und seitdem nichts mehr. Sie hatte sich der Stille im Haus angepaßt. Die kleineren Kinder waren für einige Zeit in verwandten Familien im Tal untergebracht, außer den ältesten, die nun mehr oder weniger die Sorgerolle im Berghaus übernommen hatten. Es lebte sich sehr genügsam und traurig in diesem ersten Winter ohne Alfredo, der immer einen gefüllten Beutel Pesos und die Freude mitgebracht hatte.

Doch siehe da: Als die ersten Blüten wieder Freude in die Natur brachten, und als die Vögel wieder zurückkehrten, um neue Nester zu bauen, kam auch Alfredo mit dem Frühling wieder den Berg hinauf. Sie trauten ihren Augen nicht. Niemand lief ihm lachend entgegen. Wie angewurzelt standen sie da und stumm mit offenem Mund, während er lachte. Er lachte noch den ganzen Tag über den irrtümlichen Glauben, der sie hatte so leiden lassen, und machte seine üblichen Spässe darüber. Doch als er sie alle laut lachend fragte, wo sie ihn denn begraben hätten, antwortete ihm Angelina mit einem wortlosen, schallenden Schlag ins Gesicht. Ein Schlag mit jener Hand! Niemand, und auch sie selbst nicht, wußte, wie dies geschehen konnte. Der erste, der es begriff, war Alfredo. Er wurde ernst und still und nickte nach einigen Minuten des allgemeinen Schweigens verständnisvoll. Sie *brauchten noch eine ganze Nacht, um zu verstehen, daß alles ein erdrückender Alptraum gewesen war, aus dem* Alfredo lebendig, und wieder gesund und froh, auferstanden war, und daß auch sie wieder lachen konnten.

Der Frühling war wiedergekommen und sie lebten ihn! Denn das Leben war zurückgekehrt: Alfredo, die Freude der Kinder, Angelinas stille Zufriedenheit am Morgen, wenn sie das *Frühstück zubereitete, und am Abend das Lied der Nachtigall. Es klang so wunderschön in* die Dämmerung des Hochlandes hinein, und so inbrünstig, als wäre es ein Dankgebet an den Herrn.

~

14

Singe, Wind, singe!

Als die Wedel der Palmen
und die Südwinde gegen den Nordwind kämpften
nahmen sie dich mit
wie einen fliegenden Vogel
himmelhoch
in ein fernes Land.

Unsere Herzen
waren mit Lianen zusammengebunden
doch der Knoten riß
so daß ich bleibe
verwurzelt wie ein Baum.

Ich weine
um dich, mein geliebter Vagabund,
Tränen auf den Feldern
die die Erde verschluckt
und gehe heim
mit verschleiertem Blick.

Ich binde
meine leergewordenen Träume
mit einem erträumten Faden zusammen
und schicke sie
in Windgesängen zum Himmel.

Singe, Wind, singe
und bringe
ihn zurück!

*

Campo de montana   **Aquarell-Gouache**

~ Bergland ~

Maisonne

So hell und warm wie die Maisonne schien, und auch so jung und wunderschön wie die ersten Blumen draußen auf der Wiese, die von Tag zu Tag bunter wurden, war ihre Liebe. Und wie ein Frühlingskind war auch noch Amelie. Daniel jedoch, einige Jahre älter und bereits an junge Beziehungen gewöhnt, galt als der Herzensbrecher in seinem Umfeld. Aber über die Zuneigung zu ihr wurde er sensibler und weicher, als ginge ein geheimer Zauber von ihr aus, der ihn veränderte. Mit seinem plötzlich abgeklärten Innenleben gab er seinem Bekanntenkreis Rätsel auf; denn wie ein Geheimnisträger ging er einher und ließ niemand daran teilhaben. Er kannte die Mißgunst einiger Mädchen untereinander, und selbst die der Freunde im Wettstreit, das schönste Mädchen zu besitzen. Amelie war sein Besitz, die Sonne, die ihn wärmte, ihn allein. Mit ihrem schönen Herzen gehörte sie ihm, nur ihm.

Jung und frei wie sie waren, aber im Innern vereint durch das um sie geschlungene Band, das Herz an Herz hält und des anderen Nähe spüren läßt, tanzten sie vor überschäumender Lebensfreude durch ihren ersten Frühling. Die junge Amelie war die Blume, die für ihn blühte, und er der Schmetterling, den es immer wieder zu ihr hinzog, ihr süßes Nektar zu kosten und davon zu leben. Sie wohnten zwar in einiger Entfernung zueinander; aber wo immer auch Amelie ging, fühlte sie allerorts Daniels liebenden Schatten neben sich und sang ihr der Wind sein Lied. Seine Nähe war stets da, bei Tag und bei Nacht, im Wunsch der Gefühle. Und zärtlich bewahrte er die halbgeöffnete Rosenknospe in seinem Herzen, atmete nur er ihren ersten Duft und gab acht, sie nicht irgendwelchen äußeren Stürmen auszusetzen. Es war ein neues wunderbares Gefühl, zu lieben, ein ganz anderes als in den bisherigen Bekanntschaften, in denen die Mädchen eine unsensiblere Rolle in ihm gespielt hatten,

Leise schlich sich über seine große Liebe ein Besitzerdenken ein. Amelie war es, die es von Zeit zu Zeit mit ihrem natürlichen Stolz aus seinem Herzen vertrieb. Denn fühlte auch sie ähnlich wie er, teilte ebenso ihre stille Liebe und Sehnsucht mit der seinen, blieb sie dennoch ganz sie selbst, und in seinen Augen das unschuldige junge Mädchen, das sich vertrauensvoll eingebettet hatte in seine Liebe. Hüpfte auch ihr Herz bei jedem Gedanken an ihn vor Glück, schien auch ihr, als würde sie manchmal abheben und zu ihm hinfliegen können, und weit voraus in eine wundervolle Zukunft mit ihm, hielten sie jedoch ihre Füße auf festem Boden, eigenständig, ihm nicht ganz vergeben, und ihrem Naturell und ihren Prinzipien folgend, daß er der hauptsächlich Gebende sein müsse, und so auch ihr werde folgen müssen.

Sie hatte ihre eigenwillige Vorstellung von einer bleibenden Beziehung. Daniel werde sie an Stolpersteinen vorbeiführen müssen, und halten, wenn sie zu fallen drohe, auf dem Weg, den sie zu gehen gedenke.

17

Er würde ihr Mut und Freude machen wenn sie traurig wär, und bereit sein, Gemeinsames mit ihr erleben zu wollen, er würde sie immer lieben, und alles an ihr. Sie dagegen würde sich mit ihrer Gegenliebe revanchieren. So werde es funktionieren, das Leben später zu zweit, so einfach und logisch. Männer waren eben das beschützende Geschlecht; Daniel lebte es ihr vor, und ihm war es recht so wie es gerade war.

Ihr Frühling war schön, so schön wie keiner zuvor. Er pflückte ihr Blumen am Wegesrand, und sie zählte an den Blütenblättchen aus, ob sie einander heiraten werden, und das Ja besiegelten sie mit süßen Küssen. Es war so leicht, einander zu lieben!

Doch irgendwann kam die Zeit, in der sie über seine beruflichen Vorbereitungen größere Trennungen in Kauf nehmen mußten. Während Amelie in ihrer gewohnten Welt zurückblieb, kamen ihm zwangsläufig auch andere Menschen näher. Daniel wäre nicht Daniel gewesen, wenn ihm die Mädchen nicht weiter zugeflogen wären. Nach einiger Zeit nahmen die Bekanntschaften einen Platz zwischen ihnen ein. Vertrauen war gefragt. Manchmal verlor es in Auseinandersetzungen gegen die Zweifel, und Mißtrauen nährte die Eifersucht. Immer öfter stellte sich jeder von ihnen die Frage, inwieweit sie sich letztendlich einander versprochen hatten. Die Welt war groß, und das Leben verlockend. Der Freiraum, der immer größer zwischen ihnen wurde, wollte genutzt und im eigenen Interesse ausgefüllt werden. Auch Amelie war inzwischen soweit, sich ganz ihrer Ausbildung und der persönlichen Interessen zu widmen. So war das Leben. Die Liebe schien über allem erloschen.

Jahre vergingen, und sie erlebten, wie sich Pflichten und Anforderungen des Lebens mit den schönen und angenehmen Dingen in Einklang bringen ließen, und genossen die Zeit ihrer Freiheit. So wie Daniel darüber zum Mann wurde, der sein ernüchtertes Naturell, in dem die Romantik der ersten Liebe keine gewichtige Rolle mehr spielte, selbst kaum wahrnehmen wollte, so überraschte sich Amelie eines Tages bei rührseligen Erinnerungen an die so heimlich verlorengegangene schöne Zeit zwischen Kindheit und Jugend. Niemand hatte sie festhalten und die Träume ausleben können. Wie etwas Unwirkliches, nicht Haltbares war alles verschwunden zwischen Tag und Traum. Anderweitige Beziehungen waren entstanden und wieder zerbrochen und hatten viel Unruhe mit sich gebracht. Das Auf und Ab des Lebenwollens und der Unstetigkeiten, zusammen mit den zu erfüllenden Erwartungen im begonnenen Berufsleben und der privat erlebten Freuden und Enttäuschungen, hatte den Herzen die Zartheit genommen. Es hatte die junge Rosenknospe zur Blüte geöffnet, damit sie die Welt sehe, sie mit kühlem Tau benetzt, wenn sie Frische brauchte, und sie von Zeit zu Zeit mit kalten Regengüssen übergossen, wenn sie ihre Lebenslust zu sehr ausgelebt hatte. Es hatte ihr auch kleine spitze Dornen wachsen lassen, sich selbst, unbehütet, zur Wehr setzen zu können und nicht auf einen Beschützer zu warten.

Die Schonzeit der Kinder- und Jugendjahre war vorbei, und das Leben zeigte Amelie sein ernstes Gesicht. Wenn sie auch bisher alles nur zu ihrer eigenen Verwirklichung genutzt und getan hatte, begriff sie doch allmählich, daß die begrenzten Jahre der Freiheit, in denen sich das Leben nur um sie gedreht hatte, vorbei waren. Und sie spürte auch, daß sie die Bürde der Frau mit sich trug, die, die Frauen auf immer und ewig zu tragen hatten. Auch sie werde wohl Kinder gebären und großziehen müssen, und ihnen darüber ihre besten Jahre opfern. Und auch sie werde sich ebenfalls mit ihrem Partner abwechselnd beugen und arrangieren müssen im täglichen Hin und Her des Miteinander, damit ihr Bund Bestand behielte, und nicht alles ebenso schnell wieder zerbrach wie bisher. Sie müßten in gegenseitigem Vertrauen und Verläßlichkeit, in Verständnis und genug Einfühlungsvermögen füreinander, mit Geduld und Toleranz und der Einhaltung der gemeinschaftlich bedingten Regeln, leben, anstatt einfach aufzugeben, wenn sich das Zusammenleben und der Alltag erschwerten. Es würde nicht leicht, aber die Liebe werde ihnen schon dabei helfen. Amelie glaubte weiter daran, daß es sie auch in ihrem Leben wieder geben werde, die wirkliche Liebe. Schon die Gedanken und das Wissen um die Dinge ließen sie heranreifen zu dem, was sie erwartete, und verlieh ihrem eigentlich leichten, sonnigen Wesen die notwendige Nüchternheit und Bereitschaft dazu.

Das Leben war kein Tanz mehr zwischen fliegenden Luftballons mit dahinschwebenden Träumen, als sie, Amelie und Daniel, sich an einem grauen Tag wieder begegneten. Mit der Kenntnis zweier erwachsener Menschen nahmen sie einander die Entwicklung des anderen wahr, die zusammen mit der zeitlichen Distanz wie eine kleine Mauer zwischen ihnen stand. Doch die Liebe von damals, die einst in einem versteckten Winkel ihrer Herzen Wurzeln geschlagen hatte, blickte stumm fragend in ungestillter Sehnsucht aus ihren Augen darüber hinweg, rankte sich hoch zum einen und zum anderen, und versprühte einen Funken aus ihrer noch liebesroten Glut und entfachte ihn zur Flamme.

Nach einer Zeit voller Überlegungen zeigte sich ihnen endlich die Richtung in eine gemeinsame Zukunft. Das gereifte Glück verband sich mit dem von früher und brachte eine tiefe, ruhige Freude mit, und Zuversicht fürs Leben.

Und abermals war es ein Frühling, in dem sie sich aus selbstgepflückten Wiesenblumen einen bunten Strauß mit einer weißen Schleife band, und ein Blumenkränzchen fürs Haar, und er sie zärtlich seine Maisonne nannte.

Langsam wächst

die Blume

zur Blüte

*

19

Ein Streifen Niemandsland

als Ausweichstraße
im Miteinander
Füreinander
und wenn es zu eng wird
in einer Spur.

Ein Streifen Niemandsland
für dich und mich
für deinen Atem
und für meinen
laß uns nur!

Ich lieb dich

Nach den Jahren
weiß ich immer noch nicht
ob du und die Zukunft
sich unauflöslich
miteinander vertragen.

Aber was soll ich grübeln?
Beim Blütenzupfen
ende ich
immer wieder
beim „...lieb dich".
D'rum will ich's wagen!

*

Aquarell-Zeichnung   **Lisa Roth**

~ Enkelin ~

21

Der Wind, der Wind...

Sarah schwebte durch ihren Traum. Es war so leicht und so schön. Sie zog eine Runde, und noch eine, und flog hinaus über das Tal. Der Flug wollte nicht mehr enden, und sie wäre noch weitergeflogen, wenn ein Sonnenstrahl sie nicht aus ihrem Traum geweckt hätte. Er hatte sich am frühen Morgen durch einen offenen Spalt zwischen den Vorhängen ins Zimmer verirrt, und spazierte nun auf ihrem Gesicht herum. Sie ließ es gewähren, so zwischen Tag und Erwachen, und blieb noch ein wenig schweben, bevor sie auf dem Boden der Erde in den Tag landete.

Das Glück im Traum, in dem sie der Last und Traurigkeit ihres Alltags entflogen war, hielt noch an, als sie in den Garten hinausging und die Frische des Morgens in tiefen Zügen einatmete. Fast unbewußt ging sie auf das Windrad zu, das Lesley einmal kunstvoll gebaut und installiert hatte, und prüfte die Richtung des Windrades. Das hatte sie lange nicht getan. Eigentlich nie; denn es war immer Lesleys Aufgabe gewesen, bevor sie morgens mit ihren Gleitschirmen losgezogen waren. Die Lust und Leidenschaft dazu hatten sie geteilt, bis er an einem solcher Tage nicht mehr mit zurück nach Hause gekommen war. Damals hatte sie sich geschworen: „Nie mehr, nein, niemals mehr ohne Lesley! Und überhaupt nicht mehr!" Es brauchte lange, unendlich lang, bis in ihr, festgehalten auf dieser harten Erde, die Wunde heilte, die Lesleys Tod geschlagen hatte.

Der Wind stand gut, am Morgen schon auf Südwest. Das Windrad war immer ein zuverlässiger Anzeiger gewesen, nach dem sie ihre Tour planen und ausrichten konnten; wußten, von welchem Höhenzug oder Gipfel sie ihren Gleitflug starten konnten.

Das rostende Windrad sang vor sich hin und drehte sich Süd-Südwest, zuverlässig wie immer. Es war, als wäre Lesleys Puste im Wind am Rad, um ihr einen guten, glücklichen Tag zu prophezeien. Er und Sarah hatten aufgrund dieser Zuverlässigkeit damals schnelle Entschlüsse getroffen. Und so kam es, daß sie doch...

Schwer und schwerer wog die Last des Schirms, und die ungewohnt gewordenen Schritte im Alleingang zum Berg. Doch oben empfing sie beim Blick in die Weite die alte Lust am Fliegen. Mit gekonnten Handgriffen, hundertmal gemacht, zog, hakte, zupfte und spannte sie, und brachte alles und sich in Position. Für einen Moment noch stand sie still, als fehle ihr das letzte Quäntchen Mut, bis sie Lesleys „GO ON!" im Wind vernahm. Und nach ein paar schnellen Schritten flog sie ins Leere hinaus, sank der Erde entgegen, zog hinaus und hinauf dem Himmel zu, leicht wie eine Feder, die der Wind in die Weite trägt.

Das Glück aus dem Traum der Nacht kam zurück. Es strich im Wind an ihrem Gesicht vorbei, sang seine Lieder, sanft und süß, ganz für sie allein, die einsame Schwalbe am Himmel.

Und genau wie im Traum warf sie den Ballast von ihrem Herzen ab, der sich in den Jahren der Trauer darauf gelegt hatte. Er fiel herab auf die Erde, mitsamt aller Sorgen und der Mutlosigkeit, dahin, wo alles irdisch Schwere hingehörte.

„Ich bin frei, frei!" rief sie in den Wind, und frei-frei... antwortete der Widerhall von den Bergen, die sie umgaben, von deren Gipfel sie einst mit Lesley ihren Anlauf in die Freiheit genommen hatte.

Die Sonne schien schon in den Mittag. Aus ihren glitzernden Strahlen lachte ihr Lesley in seiner ganzen Fröhlichkeit zu; und es war ihr, als würde sie ihn rufen hören, mal laut, mal leise bis zum Flüstern und Wispern an ihrem Ohr. Und er war ihr so nah.

Doch dann sein lautes „GO UP!", als der Turm der Trettachspitze plötzlich vor ihr aus den Wolken wuchs, felsenfest und unverrückbar. Ein Schauer des Schreckens durchfuhr sie, ließ ihr fast das Herz stocken, und holte sie jäh aus ihren Träumen zurück in die Wirklichkeit. Sie fühlte schon die nahe steinerne Hand des Berges, sie zu packen, um auch ihr Leben, wie das von Lesley, hier oben vom Gipfelwind auszublasen. Doch sie entkam ihm, wenn auch nur knapp. Dank ihrer Erfahrung, und eines Schutzengels namens Lesley, zog sie stolz und souverän an den Türmen vorbei, im Innern zitternd wie ein Blatt im Wind.

Das Windrad im Garten tat weiter seinen Dienst. Mit Lesleys GO ON drehte es sich immer wieder von Ost nach Süd, und von Süd nach Südwest, und kündigte die guten Tage an, die ein kleines himmliches Glück versprachen.

~

23

Dreams in the wind

On a day like today
I wanted to see once again
the beauty of the earth
but you were not with me.

I dreamt you appeared
In the beams of the sun
smiling and curling my hair
by you in the wind for the fun.

I stood still
to be warmed and be kissed
to feel the summer in me
and your love, I've missed.

*

Träume im Wind

An einem Tag wie heute
wollte ich noch einmal
die Schönheit der Erde sehen,
aber du warst nicht bei mir.

Ich träumte, du erschienst
in den Sonnenstrahlen,
lächelnd und kräuselnd mein Haar
im Wind so zum Spaß.

Ich stand still
um gewärmt zu werden und geküßt,
den Sommer in mir zu fühlen
und deine Liebe, die ich vermißt.

*

Der Wind hat mir ein Lied erzählt   **Aquarell auf Seide**

Que bella ~ que joli

Warm und schön empfing sie das Land. In einem hellen Licht lag es vor ihnen, und vielversprechend, als sie von den Bergen herunterkamen, Helene und Marie. Sie wußten nicht viel darüber und über seine Menschen, wollten sehen wie sie waren und wie sie lebten. Sie wollten wissen, ob hier wirklich die Zitronen blühten, wie Goethe behauptet hatte, und die Orangen reiften und geerntet wurden mitten im Winter. Sie wollten das Meer sehen und riechen, und an seinem weißen Strand in der Sonne liegen.

Das Land schien wahrlich voller Überraschungen. Schon gleich hinter den Bergen zeigte sich seine Fruchtbarkeit zwischen grünen Hügeln und großen herrlichen Seen. Mildes mediteranes Klima lag über den Wassern und den kleinen Orten an den Ufern, und die Sonne ließ die weißen und pastellfarbigen Häuser an den Hängen noch freundlicher leuchten. Weiße, von den Alpenspitzen zerfledderte Wolken, zogen darüber hinweg nach Süden, dem Meer zu. Palmen wedelten im lauen Wind, und hohe schlanke Zypressen wuchsen in den blauen Himmel.

Die Gebirgigkeit am Ende der Seenlandschaft ging in ein sanfteres, liebliches Hügelland über. Es war das Mutterland des süßen Bardolino, des herberen Valpolicella und des Chianti. Schwer und dunkel hingen die Trauben an den unzähligen Stöcken und verarbeiteten die Sonnenstrahlen in aller Ruhe zu ihrer Süße. Groß war auch das Angebot an Obst und Gemüse auf den Feldern. Unscheinbar versteckten sich Feigen und Kiwis unter ihrem Blätterdach und am Boden die Artischocken und Zucchini, während Äpfel und Zitrusfrüchte in Rot, Orange und Gelb geradezu protzig leuchteten. Fast zu übersehen reiften in großen Hainen, in schottrigem, ansteigenden Gelände, grüne und dunkle Oliven an alten, knorrigen Bäumen, dennoch fruchtbar wie eh und je, zur Ernte heran. In ihnen lag das Gold des Landes. Die kostbaren Öle, in vielen Geschmacksnoten unter Beifügung duftender Kräuterzweige oder Früchten, zeugten von der guten hiesigen Küche. So auch der Käse in allen Geschmäckern und Variationen.

In den kleinen Läden der Gassen, und auf den kunterbunten Wochenmärkten wurde alles angeboten, was die Region zu bieten hatte. Frischgebackene knusprige, lange, dünne Brote steckten in großen Körben. Man aß sie stückweise, getunkt in würziges Olivenöl, zum Käse, und trank dazu den Wein. Er stimmte redselig und fröhlich, und so unterhielt man sich nach allen Seiten hin, laut und gestikulierend; man lachte und sang zwischendurch, war Rocco Granata und Enrico Caruso zugleich, während man die Kunden am Marktstand bediente.

Die Frohnatur und ungezwungene Art der Menschen gefielen Helene und Marie, denn sie waren damit so anders als die Menschen ihres Landes, nicht so ernsthaft, so zurückgezogen und distanziert unnahbar. Hier redeten sie laut und offen miteinander, wo sie sich auch trafen, und riefen sich frei und ungeniert etwas zu.

27

In den engen Gassen unterhielten sie sich von Fenster zu Fenster vis a vis, während sie ihre Wäsche zum Trocknen auf quergespannte Leinen hingen, damit sie in höheren Etagen von Haus zu Haus im Wind der Gassen wehte. Aus den offenen Fenstern der aneinandergebauten hohen Häuser klangen ihre Lieder, und nahmen, zusammen mit den buntflatternden Wäschefahnen, den düsteren, sonnenarmen Gassen ihre Bedrücktheit.

Der Umgang mit den Menschen war angenehm und wohltuend. So unkompliziert wie sie unter sich zu sein schienen, waren sie auch ihnen, den Fremden, gegenüber. Sie begegneten ihnen in einer selbstverständlichen Herzlichkeit, und oft schier unglaublichen Uneigennützigkeit, um behilflich sein zu können. Die dominanten, gutherzigen Mamas der Familien boten ihnen ein Bett an, oder besorgten ihnen eine Unterkunft, wenn sie keine hatten. Sie nahmen sie mit an ihren gedeckten Tisch in den Kreis der Familie, in dem sie, wo auch immer, herzlich willkommen waren, und boten ihnen alles an, was sie hatten. Man zeigte ihnen das wunderbare Land mit seiner großen alten Kultur, lehrte sie Volkstümliches kennen, Geschmack an der landesüblichen guten Küche zu bekommen, und Vieles mehr. Vorallem auch die jungen gleichaltrigen Menschen zeigten sich sehr kontaktfreudig, und es brauchte keine Zeit, sich zu verständigen, miteinander zu reden, zu lachen und etwas zu unternehmen. Obendrein verbesserte auch noch aller Umgang die Kenntnisse der Sprache.

Es war die Leichtigkeit und Ungezwungenheit der Menschen dieses Landes, die bald auch in Helene und Marie das kümmernde Pflänzchen der Freiheit zum Wachsen anregten. Es wuchs schnell, und nach kurzer Zeit grünte es unter der südlichen Sonne und brachte Lebensfreude hervor.

Das quirlige Leben im Land schien zwar leicht und unbekümmert, doch es täuschte. Bald merkten Helene und Marie, daß die Menschen auch hier, wie überall auf der Welt, ihre tägliche Arbeit, ihre Sorgen und Pflichten hatten und unter dem Leistungsdruck eines Studiums oder des Geschäftslebens standen. Umso anerkennenswerter war ihre Hilfsbereitschaft, bei der sie sich Zeit ließen für die beiden. Sie begannen zu begreifen, daß das Land zwar sehr schön war, daß aber die leichte, frohe Art der Menschen wahrscheinlich über die harte Realität, sich sein täglich Brot zu verdienen, hinwegtäuschte. Sie erweckten damit den Anschein, daß man das Leben garnicht so schwer nehmen müsse, nicht so verbissen ernst und genau, wie es im Land der beiden üblich war, und daß eben mit weniger Ernsthaftigkeit und mehr Optimismus und Selbstvertrauen auch alles funktioniere. Man müsse die Probleme nicht größer sehen als sie wären, so ließen sie sich leichter lösen. Ja, sie hatten ein beneidenswertes Naturell. Auch sie taten ihre Arbeit, und sangen dabei. Sicher nicht alle; aber die Menschen dieses Landes im Allgemeinen hatten denen ihres Landes die Lebenskunst voraus, und es war angenehm, unter ihnen zu sein.

La dolce Vita jedoch, das wahre süße Leben, gab es im Moment nur für Helene und Marie. Es war schön, heute hier und morgen dort zu sein, und immer wieder neue, interessante Eindrücke und Erfahrungen zu sammeln.

Schon ein wenig dem gewissen Chic der Frauen des Landes angepaßt, tippelten sie, kess und selbstsicher, mit den gleichen hohen Stöckelschuhen und flatternden Röcken über die Promenaden, bummelten in leichten Riemensandalen durch die Gassen und über die Märkte, und tanzten barfuß in röhrigen Jeans und Sommershirts bis in den Morgen. Sie genossen, was sich ihnen bot: die Freundlichkeiten, das Sehenswerte und alles Schöne, das Essen, den Chianti, die Sonne; und jung wie sie waren, die Liebe. Zusammen mit den anderen sangen sie die Lieder über die Sonne, das Meer, die Liebe. Il sole, il mare, l'amore waren das Wichtigste in einem südlichen Sommer. Rocco Granata sang: „Marina, Marina, ... con tua bell'amore...", und Elvis Presley ließ das Leben im Hier und Jetzt genießen. „It's now or never..." klang es in der Tanzbar durch die Nacht. Das Leben war schön!

Und draußen vor der Tür rauschte das Meer. Tag und Nacht kam es angerollt, warf sich in weißen, schaumigen Wellen in den weichen Sand, schlug gegen felsige Kanten und Blöcke, als wolle es sie mit einem lauten, wuchtigen Schlag zurück ins Land drängen, und rollte wieder hinein in sein unendlich großes, blaues Bett.

Helene und Marie saßen gern am Strand und sahen den großen Schiffen nach, die aus dem Hafen in die Welt hinausfuhren. Und gegen Abend den Fischern, die ihre kleinen Boote fertigmachten für den nächtlichen Fang. Der Sand an den Stränden blieb warm bis in die Nacht. Das Meer war es, das ihn an Land brachte, und sich auch mit jedem Wellenschlag wieder etwas davon zurückholte. Es spülte auch die vielen kleinen, schönen Steinchen und Muscheln auf den Sand und schenkte sie denen, die sie bewunderten und mit nach Hause nahmen.

So war es auch das Meer, das die kleine, blauschimmernde Muschel mit sich gebracht und in der kleinen Bucht in den weißen Sand gespuckt hatte. Dort lag sie wie verlorengegangen und wartete auf eine Hand, die sie aufhob.

Doch es war nicht die Hand von Marie, die sie aufnahm; es war seine. Und in jener glücklichen Zeit schenkte er sie ihr in einer Nacht voller Sterne, zwischen Reden und Lachen, zwischen Laufen und Springen, zwischen Umarmungen und Küssen am Strand. „Vois, que joli! Prends l'avec toi, la petite coquille d'amour!" – „Schau, wie schön sie ist! Nimm sie mit, die kleine Liebesmuschel!"

Drinnen im grottenähnlichen, gedämpften Licht der Strandbar, die den gleichen Namen trug wie die Muschel, hielten sie sie in den Kerzenschein und entdeckten ihren geheimnisvollen blauen Schimmer. Mit der Muschel in der Hand tanzte sie mit ihm in den Morgen, drinnen und draußen im Sand, leicht und froh, braun und barfüßig wie ein Kind vom Meer.

Es war die Zeit der Sehnsucht. Sie war mit der Muschel gekommen und begleitete die beiden durch den Tag, bis zum Abend, wenn sie sich wiedersahen.

Als der Abend kam, an dem sie sich au revoir sagen mußten, steckte er ihr einen kleinen Olivenzweig ins Haar.„C'est un portebonheur!" = „..ein Glücksbringer", sagte er und erinnerte sie an die Muschel: „On retourne a quel endroit, où la trouvée." ~ „Man kehrt dahin zurück, wo man sie gefunden hat!" meinte er lächelnd, und seine Augen fragten. Es machte sie traurig.„J'ai la perdu!" sagte sie verschämt ~ „Ich habe sie verloren!" Er aber schüttelte den Kopf und legte seine Hand auf ihr Herz: „Mais non, tu l'a seulement mis dans ta coeur!" sagte er tröstend ~ „Aber nein, du hast sie nur in deinem Herzen abgelegt!" Mit einem traurigen Peut-etre ~ Vielleicht? sagten sie sich au revoir ~ Aufwiedersehn unter den Sternen der Cote d'Azur, denn ihre Zeit ging zu Ende.

Helene und Marie fuhren heim, zurück in ihr Land, in ihr Leben. Es war ihnen eine gute Zeit geschenkt worden mit vielen unvergeßlichen Erinnerungen an schöne Länder und an wunderbare Menschen. Über sie hatten sie anders denken und Menschen beurteilen gelernt. Doch die Jahre, in denen sie zusammen waren, ihre Studien absolviert, gearbeitet, gelebt, gelacht und manchmal miteinander geweint hatten, gingen dem Ende zu. Helene zog bald allein in die Welt, und das Schicksal schenkte ihr abwechslungsreiche, interessante Zeiten. Doch der Faden aus der gemeinsamen Jugend sollte sie ein Leben lang verbinden.

Marie hatte es vorgezogen, eine Familie zu gründen, und lebte künftig im Auf und Ab des familiären Geschehens in der Nüchternheit des Alltags, und dem ihres Landes. Was hätte darin eine kleine Muschel bedeutet. Später, viel später einmal, wurde sie daran erinnert, als ihr auf einem Trödlermarkt eine ähnliche zum Kauf angeboten wurde: „Nehmen Sie die, die bringt Glück!" Marie aber hatte lächelnd den Kopf geschüttelt, und im Weitergehen war ihr, als höre sie das Meer rauschen und spüre weichen Sand unter den Füßen, und der Wind sänge ihr ein wunderschönes Lied.

Irgendwann kam auch für Marie die Zeit wieder, das Land ihrer frühen Träume zu besuchen. Nicht, um nach einer blauen Muschel zu suchen, sondern um dem Mann, den sie sich seinerzeit fürs Leben ausgesucht hatte, alles Schöne zu zeigen, das auch sie einmal so erfreut hatte. Es gelang ihr, auch ihn zu überzeugen, und so war es für beide die erste gemeinsame Reise in gemeinsam zu erlebendes Glück. Es sollte auch nicht die letzte werden. Immer wieder zog es sie hin, die Berge und Täler zu durchwandern, an herrlichen Seen vorbei, oder über die weiten Bergrücken mit den rauschenden Meereswellen unten an den Klippen.

Gemeinsam erkundeten sie die Städte mit den alten monumentalen Palazzi der Visconti und ihrem inneren Prunk; die der reichen Stanga und Sforza als den noblen Refugien der einst Mächtigen; die alten prächtigen Sommervillen des früheren internationalen Hochadels an den Ufern, und erholten sich in ihren weitläufigen, herrlichen Parkgärten. Sie bestaunten die einst einmalige Baukultur des Landes und deren Meister, und die bis heute ebenso einmaligen Werke seiner Künstler. Sie besuchten Castellos, prächtige alte Klöster und Kirchen, und zündeten ein kleines Licht darin an zum Dank für das Erlebte.

30

Einladend waren auch die Straßencafés, auf irgendeiner Piazza oder an den Ufern und Promenaden. Man trank in Ruhe seinen Cappuccino, oder genoß ein köstliches Gelati oder eine Spremuta d'arranca ~ ein Saft aus frischgepressten Orangen. Und wer etwas mehr Zeit hatte, gönnte sich eine der verführerischen südlichen Speisen und den passenden Vino dazu.

Sie bummelten über die Märkte und bewunderten die Produkte der Region. Zeigten sie Interesse, ließ man sie kosten, und erklärte Marie mit Begeisterung die Möglichkeiten der Zubereitung.

Auch die stillen Bergdörfer suchten sie auf, in die selten ein Fremder kam. Dabei hingen sie so friedlich und ruhig oben an den Hängen der stillen, weiten Seitentäler und blickten herab auf die laute Welt, angestrahlt von der Abendsonne bis zur Nacht, wenn unten im Tal schon die Dunkelheit lag. Alt und wie verlassen standen sie da, Denkmäler einer anderen Zeit. Uralte Fresken schmückten manche Häuser und ließen ahnen, daß der Ort durchaus einmal von Bedeutung, und über die Sommermonate das Zuhause früherer namhafter Künstler gewesen war. Nach ein paar Jahrhunderten schien es, als habe die Welt vergessen, daß auch sie noch dazugehörten. Und doch war noch Leben darin: hier und da ein Kinderlachen aus alten Mauern; eine alte Frau, die blühende Blumen goß vor einem alten Fenster; ein alter Mann, der seiner Katze ein Lied sang auf der Steinbank vorm Haus; und in der Gasse zwei ältere Frauen in einem angeregten Gespräch, als habe sich noch Großes in dieser Abgeschiedenheit ereignet.

In der Sonne, die warm an die Ufer und Hänge schien, blühten Blumen, selten schön. Sie schmückten die Parks und die Gärten, und sandten wahre Willkommensgrüße aus von den weißen Häusern. Meterhohe Bouganvillen rankten an ihren Sonnenwänden hoch, Clematis und Passionsblumen umsäumten Gartenzäune und Pergolas, und Rosen schmückten die Eingänge. Rosen, Rosen überall, die Blumenkinder der Sonne!

Alex und Marie ließen die Eindrücke und Düfte in ihre Seelen ziehen, vernahmen den lauen Wind, der mit den Palmen wedelte, und standen klein und staunend unter den himmelhohen, schlanken Zypressen. Sie gingen durch die dämmrigen Gassen, vorbei an alten Geranienstöcken, die immer noch große Blütenballen hervorbrachten. In Terracottatöpfen standen sie, aneinandergereiht mit knorrigem Hibiskus in flammendem Rot, zwischen den Türen; und sie fragten sich, welcher sich hierher verirrte Sonnenstrahl sie wohl zum Blühen gebracht hatte. Zusammen mit der hoch oben zum Trocknen flatternden Wäsche gaben sie den Gassen etwas Lebhaftes.

Bewundernswert waren auch die tapfer blühenden Oleanderbäumchen an den belebten Straßen. In der Unruhe und abgasgetrübter Luft ließen sie sich nicht anmerken, daß sie lieber in einem grünen, stillen Park geblüht hätten und standen da mit ihrer Pracht, als wäre es für sie der beste Platz.

31

In den Olivenhainen strichen sie hier und da über einen krummen, oft schon in sich geteilten alten Stamm, den die Jahre gespalten hatte, und überlegten, was er schon alles an Weltgeschehen und Menschen, und an Wettern aller Art überlebt hatte; und sie empfanden eine gewisse Achtung vor ihm, vor seiner Zähigkeit und anhaltenden Fruchtbarkeit. In einer Ölmühle sahen sie zu, wie das kostbare Öl aus den vielen kleinen Früchten gewonnen wurde, und kosteten all das, was man aus ihnen sonst noch herstellte: wohlschmeckendes Brot und würziges Pesto als Aufstrich, Olivenpasta-Sorten, eingelegte kleine Fische mit Oliven, wundervolle Getränke; und alles war schmackhaft und gut. So auch die Kosmetik. Marie wusch sich mit einer wunderbaren Seife aus Oliven, die eine Bäuerin selbst herstellte und an ihrem Marktstand verkaufte, und Alex liebte den frischen Olivenduft unter der Dusche.

Am Abend dann, im Innern der überwältigenden Mauern des alten Kolosseums, saßen sie zwischen den vielen Menschen internationaler Nationen, mit kleinen Lichtern in der Hand, unter dem Vollmond am Himmel, und lauschten der innigen Arie eines Bauernmädchens, das in der nächtlichen Sierra kniend, den Himmel um Schutz und Beistand anflehte, in der Sorge um ihren Liebsten:

„ Écoutez-moi, o Seigneur, mon dieu

Höre mich an, oh Herr, mein Gott

Je t'en prie ~ ich bitte Dich:

Protégez-le, Seigneur, mon dieu,

Beschütze ihn, Herr, mein Gott,

Et protégez-moi aussi!

und beschütze auch mich!"

*

Und wenn sie dann eines Tages wieder Abschied nehmen mußten von dem Land, in dem wahrlich die Zitronen blühten und die Orangen reiften im Winter, diesem Land, in dem die Musik lebte, und Pavarottis „Non ti scordare di me..." aus den Fenstern in einsamer Gasse klang bis ins Herz, dann spürten sie, daß sie wieder einmal der Schönheit und dem gewissen Charme des Landes erlegen gewesen waren, und daß es ihnen heimlich ein kleines buntes Glückssteinchen zur Erinnerung für ihren Alltag geschenkt hatte.

Der warme Wind des Südens strich ihnen noch einmal übers Gesicht, und dann sagten sie: „Ciao, era buono! A presto!" ~ „Servus, es war gut! Bis bald!" und

Arrivederci Bella!

32

Amore d'estate

Quando la canzone d'amore
d'uccello estivo
sonave dal pini

Quando il vento mito
salivo sul mare, e suo canto
era sì soave negli cipressi

Quando maturava la pèsca
rossa- gialla e succosa-dolce
e pasanta era l'uvanera

Quando il sole serale
tramontava in colli azzuri
e il pastore andave alla casa

Quando erano dolce l'odori di rose
e in bicchiere era rosso il pastoso,
in giardino l'amore
faceva una passegiata.

33

Sommerliebe

Als das Liebeslied
vom Sommervogel
aus den Pinien klang;

als der laue Wind
vom Meer herauf
in den Zypressen sang;

als der Pfirsich reifte
rotgelb und saftigsüß
und schwer die Traube hing;

als die Abendsonne
in die blauen Hügel sank
und der Hirte heimwärts ging;

als süß waren der Rosen Düfte
und rot im Glas der erdige Wein,
ging die Liebe spazieren im Hain.

*

Land des Südens   Aquarell-Gouache

35

Heimreise mit Sehnsucht

Aus der fernen Valdajskaja war sie herübergekommen in ihre Stadt, um sie in ihrem weihnachtlichen Glanz zu genießen und Kindheitsträume aufzuwecken aus längst vergangener Zeit. Es waren schon viele Jahre her, seit sie sie verlassen hatte, um in einem anderen Land ein neues Leben zu beginnen, ein ruhigeres und einfaches, in dem sich mit viel weniger zufrieden leben ließ. Ihre Freunde hatten damals verständnislos und mitleidvoll gelächelt und gemeint, sie gehe den Weg rückwärts, statt vorwärts in ein Leben mit Zukunft, die sich in ihrem Land vielversprechend für sie abzeichnete. Irina aber hatte immer schon andere Wertvorstellungen gehabt und war gegangen. Und sie hatte es gefunden: das einfache Leben mit Herz!

Trüb und dämmrig war es zur Zeit in der Valdaj; und es war auch ein trüber Dezembertag in der Stadt. Doch sie war erhellt vom Glanz der tausend Lichter, die nicht nur in Irinas Augen widerstrahlten, sondern bald auch in ihrem Herzen.
Prächtig waren die Schaufenster. Sie überboten sich in verlockenden Angeboten und glitzernden Dekorationen und waren so vielfältig und schön, daß sie wohl die Anspruchsvollsten und Wählerichsten der Stadt verführen konnten. Irina bestaunte die große Auswahl der Dinge, eine Fülle, an die sie nicht mehr gewöhnt war. Es verschlug ihr fast den Atem; aber das Herz ging auf.

Doch ihre Augen hatten gelernt, zu schauen ohne zu wünschen, und den Luxus des Lebens von dem Notwendigen zu unterscheiden. Das harte Leben in der Valdaj bestimmte die Gedanken. Es lehrte alles nach Wichtigkeit zu sortieren, und das Übrige erst garnicht zu Wunschgedanken werden zu lassen. Die unnützen verwehten im Wind. Er nahm mit sich fort, was nicht hineinpaßte in dieses Land, und auch das Heimweh.
Oh, sie kannte es gut, das Gefühl, das warm und froh machte, aber auch schmerzhaft bis in die Tiefe ging. Es konnte das Herz vor Sehnsucht krank machen und war imstande, um die ganze Welt zu ziehen und einen einzuholen. Sie hatte unter ihm gelitten, und sie hatte es geliebt; hatte es doch die schönen Erinnerungen noch schöner scheinen lassen, und manchmal sogar leise Zweifel an der Richtigkeit ihres damaligen Entschlusses aufkommen lassen. Aber so schnell wie es immer gekommen war, war es auch wieder verflogen, jedoch nicht ohne den bittersüßen Nachgeschmack der Sehnsucht in ihr zurückzulassen.

Vom alten Rathausturm klang das Glockenspiel. Irina hatte es schon immer geliebt. Es klang noch genauso hell und klar wie in alten Zeiten. Und genau wie früher, wenn sie einmal fort *gewesen war, spürte sie jetzt beim Klingen der Glöckchen, wie das Heimatgefühl sie wieder* einholte. Es strich warm ums Herz und löste das Schweregefühl mit jedem Ton.

Sie spürte den Wind ihrer Stadt im Gesicht, als käme er nah, um sie zu begutachten und ihr im Vorbeiwehen einen Kuß zuzuhauchen, als dem Kind seiner Stadt: „Willkommen daheim!"

Der Weihnachtsmarkt war noch an seinem alten Platz. Er war noch immer ein Anziehungspunkt für alle, und verbunden mit vielen Kindheitserinnerungen. Wie oft mochten sich dort schon die kleinen vorweihnachtlichen Wünsche erfüllt haben; und waren es auch nur die gewesen, eine große weiße Zuckerwatte aus der kleinen Hand zu schlecken, oder auf dem harten Holzrücken eines Karussellpferdchens zu reiten.

„Alle Jahre wieder…" klang die Musik aus alter Zeit. Und alle Jahre wieder lockten die süßen Sachen, lachten die braunen Lebkuchenmänner von ihrem Stand herunter, schaukelten die Herzen mit den Kosenamen. Und immer wieder drehte sich das Karussell: Pferd an Pferd, der Schwan und die Kutsche, und im kleinen roten Feuerwehrauto bimmelte die Glocke. Irina erinnerte sich, daß Großvater einmal mit aufsteigen mußte auf den Rappen neben ihrem Schimmel, weil sie allein zuviel Angst gehabt hatte.

Auch die Blicke des kleinen Mädchens neben ihr hingen heute an den Pferden. „Nein!" sagte die Mutter, der Vater sei arbeitslos und es fehle das Geld. Das Kind schien zwar schon dem Verzicht ergeben zu sein, aber die ungestillte Sehnsucht blickte umso größer aus ihren Augen und zog mit den Pferden, Runde um Runde. Irina zahlte ihr eine Fahrt, und wurde ihrerseits beschenkt mit einem scheuen, dankenden Lächeln der Mutter, und der seligen Freude in dem zarten Kindergesicht. Wie eine kleine Amazone hatte sie den stolzen Schimmel geritten, mit umherwehendem Haar; und Irina wußte: sie würde ihn immer wieder reiten in ihren Träumen, ein Leben lang.

Auch der alte Maronimann war noch an seinem Stammplatz an der Kirchenmauer. Alt war er geworden. Seine von Kälte und schwarzem Rauch dunkel gefärbten Hände zitterten, als er ihr die warme Tüte in die Hand gab. Während sie die Maronen pellte und aß, erzählten sie sich alte Geschichten von früher, und redeten auch über das Heute. Auch für ihn hatten sich die Zeiten geändert. Das Armenhaus war sein Zuhause geworden, und mit dem Verkauf der Kastanien verdiente er sich ein kleines Zubrot im Winter, seit es in diesem Land für einen älteren Menschen keine Arbeit mehr gab. „Das Los der Zeit!" sagte er hilflos schulterzuckend. „Aber nun habe ich ja wieder eine Aufgabe. Ich liebe meine Maronen und freue mich, wenn sie den Leuten schmecken." Für Irina jedenfalls waren sie ein Genuß, und mit dem Herausschälen jeder einzelnen kamen alte Erinnerungen zurück.

Warm und rot glühte auch der süßgewürzte Wein im Becher, den sie später in ihren kalten Händen hielt. Die Aromen von Zimt und Nelken zogen durch die Winterluft, und die süßen Düfte von gebackenen Apfelringen im Teigmantel. Sie wechselten sich ab mit den kräftigen

Gerüchen der Kartoffelkuchen in den heißen Pfannen, und dem Kraut mit Würsten, wie zu alten Zeiten. Gutes, altes Heimatland! Es war so wohltuend, hier zu sein.

Und doch sah sie, daß sich Vieles verändert hatte, in der Stadt wie bei den Menschen. Alles war moderner geworden und hatte mancherorts an Heimeligkeit darüber eingebüßt. Und immer wieder noch bestaunte sie diese Reichhaltigkeit und Vielseitigkeit der Angebote in überwältigend großen Einkaufsstätten, doch im stillen vermißte sie die kleinen Handwerksläden, die spezielle Dinge, inclusive ihrer Fachkenntnisse, anboten, die immer irgendwie aushelfen konnten, und in denen man sich untereinander kannte. Die Zeit der Kleinen schien vorbei. Sie waren überrollt worden von allem Großen, und dem Konsum mit schnell und preiswert hergestellter Ware, wo immer sie auch herkam. Es schien ihr heute, als schwelge man schon in dieser Fülle, und sei sich der vielen, leicht zu erfüllenden Wünsche und all des Schönen nicht einmal mehr so recht bewußt, daß es im Grunde keine Selbstverständlichkeit war, und auch nicht unbedingt notwendig zum Leben. Daß die Jüngeren, die dahinein geboren worden waren, und auch die vielen Zugewanderten aus ärmeren Ländern, nicht wußten, wie mühsam alles entstanden war, war verständlich. Doch die Älteren, die ihren Anteil daran gehabt hatten, schwammen mit in diesem schnellfließenden Fluss, der wohl keine Zeit ließ, zurückzublicken, und Demut und Dankbarkeit mit sich nahm. Irina erinnerte sich an die Worte ihrer Großmutter, eine bescheidene, zufriedene Frau. „Je mehr du hast, je mehr du willst", hatte sie manchmal gesagt, wenn ihr der kleinen Wünsche zu viele wurden. Ihre alte Weisheit schien sich bewahrheitet zu haben, hier, in ihrem guten Land. Aber nicht in der Valdaj!

Irina ging mit offenen Sinnen durch ihre Stadt, wenn auch mit einem zunehmenden Befremden. Das selige Gefühl des wieder Zuhauseseins begann zu verblassen. Sie sprach mit den Menschen und lauschte ihrer Sprache. Sie hörte auch ihnen in Gesprächen zu und bemerkte, wie erfreut sie darüber waren, daß sich Jemand Zeit für sie ließ und einen persönlichen Kontakt zu ihnen suchte. Denn es war auffällig, wie sich in der Gesellschaft ein unpersönlicheres Verhalten eingelebt, und eine gewisse Gleichgültigkeit untereinander mit sich gebracht hatte.
Irina machte sich Gedanken darüber. Vielleicht war es zum Teil auch über die moderne Technik gekommen, daß es an Zeit und Aufmerksamkeit untereinander fehlte. Sie konnte sich vorstellen, wie schwer, und auch zeitaufwendig, es gewesen sein mußte, sie beherrschen zu lernen, sah es auch so leicht und einfach aus. Mit einem einzigen Knopfdruck setzte sich Gott weiß was in Bewegung und funktionierte. Es war zweifellos eine enorme Arbeitserleichterung, und die Unternehmen sparten eine Menge Personal darüber ein. Und Zeit, die wahrscheinlich heutzutage hier viel kostbarer gewertet wurde als in der stillen russischen Skaja. Daß über dieses rationelle Arbeiten die Arbeitsplätze und Verdienstmöglichkeiten der mittleren und auch einfachen Bevölkerungsschicht wegbrachen,

war die Folge. Ja, so war die rasche Industriealisierung andernteils zum Problem geworden, dachte sich Irina, und für die Umstellung der einzelnen Familien zweifellos ein Dilemma.

Irina ging in Gedanken durch ihre Stadt, die noch vertraut war, ihr aber offenbarte, wie weltfremd sie in der Valdajskaja geworden war, und wie unfähig, noch einmal woanders leben zu können. Aber es wurde ihr auch bewußt, wie angenehm und gesund es auf seine Weise war, fernab in diesem undurchdringlichen weiten Land zu leben, das noch nicht beherrscht wurde von diesem machtvoll technischen Virus, das Land und Leute veränderte. Selbst wenn es dort eingedrungen wäre, hätte sich ihm die Valdaj und ihre Menschen nicht so schnell unterworfen. Dieses Land war es, das Anpassung verlangte, das leben und gedeihen ließ – oder nicht. Auch den Fortschritt!

In der Stadt herrschte ein hektisches Treiben, als würde der Ablauf nur mehr vom Geschäftsleben bestimmt. Irina spürte, daß es auch sie anstecken würde, wenn sie ihm länger ausgesetzt wäre. Die Menschen hasteten aneinander vorbei, immer in Eile, Dringendes erledigen zu müssen, Termine wahrzunehmen und nirgendwo zu spät zu kommen. Irina fragte sich, ob der Nutzen dieser modernen Zeit wirklich größer war als das, was er auch an Nachteilen für den einzelnen Menschen mit sich gebracht hatte? Wo blieb der Mensch in dieser Hektik mit den Bedürfnissen, deren Erfüllungen ihm guttäten für sein körperliches und seelisches Wohlbefinden?

Die Auswirkungen dieser jetzigen Lebensweise waren auch an ihren einstigen Freunden zu bemerken. Auch bei ihnen hatten die Anforderungen und Interessen dieser Zeit den Sinn für die wahren Werte kümmern lassen. Sie hatten sich verwischt und bestanden nur noch untergründig in Form von unerfüllbarer Sehnsucht danach. In den Stunden der Gespräche, in denen eine gewisse Wehmut lag, beneideten sie Irina um ihr heutiges Leben, während sie andernteils niemals bereit sein würden, auf das ihre mit allen Möglichkeiten und Komfort zu verzichten. Irina wußte: trotz der Sehnsucht nach einem Leben in einer heileren Welt, würden sie weiter untereinander wetteifern, in ihrer Partnerschaft und in der Gesellschaft, und kämpfen um ihr persönliches Recht, um Macht und Besitz. Nachzugeben in einem Kompromiss bedeutete unterlegen zu sein; und dazu war niemand mehr von ihnen bereit, nicht einmal der Liebe wegen!

Auch zuviel Lust am Angenehmen hatte sich eingeschlichen und die Wünsche übermäßig groß werden lassen. Sie zu erfüllen bedurfte es natürlich harter Arbeit im Stress. Doch was kam dann? Würden die Forderungen des eigenen Ichs nicht noch häufiger und lauter werden, und das Verlangen nach Befriedigung nicht mehr aufhören?
Und wieder kamen ihr die Worte der Großmutter in den Sinn, daß die Begierde des Menschen, war sie einmal geweckt, nie enden werde.

39

Besonders groß war auch die Lust auf Freiheit, Freizeit und Leben. Das Leben verlief auch so schnell; da durfte man nichts versäumen, und keinen Tag ungenutzt vergehen lassen, um sich etwas zu gönnen, was Spaß machte. Und auch das war anstrengend, immer nur auf Höhenwegen gehen zu wollen. Die, die aber in eine Talsohle abgerutscht waren, und die Möglichkeiten eines angenehmen Lebens zeitweise nicht nutzen konnten, mußten wohl angesichts aller anderen verzweifeln.

Sie bemerkte auch, daß die Rolle von Mann und Frau durcheinander geraten war. Über die sogenannte Emanzipation hatten sich die Türen für die Frauen geöffnet, und sie waren ausgeflogen aus ihrer bisherigen Rolle wie die Vögel aus ihren Käfigen, hatten Flugübungen gemacht, zum Teil zu hoch und zu weit. Sie hatten dazu den Wind der Zeit genützt, und den Mann vom Sockel seiner Freiheitsstatue gestürzt und sein Machtmonopol geteilt. Auch die Arbeit und Pflichten, die Verantwortung im Alltag, sowie Zeit und Freiheit waren aufgeteilt und neu zugeordnet worden, ob beide Geschlechter in ihren Aufgaben genug geübt waren, zu funktionieren, oder nicht. Es wurden darüber auch manch stillschlummernde Talente frei. Und ginge es gut, hatte es das Selbstwertgefühl angehoben und diente zur allgemeinen Zufriedenheit. Aber wenn nicht, endete es mancherorts, wie sie auch im Freundeskreis sah, in einem Scherbenhaufen der Beziehungen.

Es stimmte sie traurig, einige dieser einst so fröhlichen Menschen niedergeschlagen und hoffnungslos zu erleben. Im stillen aber war sie zufrieden, daß sie selbst nicht in dieser schönen, angenehmen und modernen Welt in diesen Strudel geraten war. Mochten sie damals auch alle Recht gehabt haben, daß sie ihren Weg rückwärts gehe, anstatt in ein Leben mit hoffnungsvoller Zukunft; so hatte ihr das neue Leben jedoch nicht die Grundsätze zerstört, sondern sie danach leben und glücklich werden lassen. Und sie fragte sich, was ihr letztendlich ein höherer Lebensstandard in diesem Komfort genützt hätte, wenn sie, ebenfalls der höheren Ansprüche wegen, an ihrem eigenen Schicksal zerbrochen wäre?

Ruhig und zufrieden dachte sie an ihr Leben mit Jurij. Wie sorgsam gingen sie miteinander um. Die Liebe war für sie immer noch das Wichtigste, und die Aufrichtigkeit. Und gerade der Liebe wegen, die die Herzen empfindsam und weich machte, versuchten sie, sich nicht zu verletzen. Vielleicht war es auch die gegenseitige Liebe, die sie einander verstehen ließ, anstatt sich gleich zu verurteilen; die es leicht machte, dem anderen beizustehen und ihn anzuerkennen, so wie er war, anstatt ihn umformen zu wollen, hin zum eigenen Naturell. Sie mußten sich auch nichts beweisen: keine übergroße Tüchtigkeit; denn sie wußten, daß ein jeder tat, was er konnte; und auch keine Perfektion, keine Stärke, und ewig strahlende Jugend vortäuschen. Diese Gedanken ergaben sich erst garnicht. Sie nahmen sich so, wie sie waren: Jurij war der Mann, und sie war die Frau, beide mit den urtypischen Eigenschaften ihrer Geschlechter, die immer und überall auf der Welt auch eine Diskrepanz darstellten.

Doch was das Gute war: sie gewährten sie sich und stritten nicht deswegen, was ein Kampf ohne Ende ergäbe, der nur ihren Herzen schaden könne, wie Jurij einst gesagt hatte. Er liebte sie so, wie sie war, und so, wie der Tag war, und nur sie allein, nach dem Standpunkt: es gebe nur eine ehrliche Liebe, und die gelte es wie einen Schatz zu bewahren. Mit ihrer Natürlichkeit, ihrem Herzen und ihrem Verstand, und ihrer Weiblichkeit, war sie „sein Engel dieser Erde." Und das genügte ihr!

Irina selbst liebte Jurij, weil er liebenswert war. Er war wahrhaftig und standfest an Leib und Seele. Sein Charakter schien unerschütterlich in seinen Grundsätzen, nach denen er geformt war und nach denen er lebte. Nie hatte er sich seine männlich starken Eigenschaften schwächen lassen und war somit stark und präsent geblieben. Er hatte sie auch nie ausgenutzt um Stärke zu zeigen, sondern war ein Mensch mit Disziplin. Jurij hatte sie stets Frau sein lassen, das zartere Geschlecht, dessen empfindsameres Wesen man berücksichtigen mußte und nicht brechen durfte, als vielmehr behüten und bewahren. In seinem harten, verankerten Kern schlummerte seine weiche Seele, die fähig war, alles Schöne zu sehen und zu genießen – und zu lieben!

Irina kehrte ein in ihr liebstes Stadtcafé von damals. Es bestand immer noch, wenn auch unter anderen Besitzern. Das einst so stille, gemütliche Café war vergrößert und präsentierte sich nun als einen Ort internationalen Treffpunkts im modernen Design. Nach wie vor traf sich Jung und Alt, früher, um Kaffee zu trinken und miteinander zu reden; heute, um zu diskutieren und zu arbeiten, anstatt in der ruhigen Atmosphäre einer heimeligen Oase zu entspannen. Die Auswahl der Kuchen und prächtigen Torten, und sogar des Kaffees, waren im Vergleich zu früher überwältigend groß und verführerisch. Sie genoß die Geschmäcker und Aromen, und es kam ein leises Bedauern in ihr auf, diesen herrlichen Genüssen bald schon Lebewohl sagen zu müssen, für immer!

Bei einem Spaziergang durch den Stadtpark fand sie eine etwas abseits gelegene Bank in der Wintersonne. Hier fragte sie sich, ob sich ihre weite Reise gelohnt habe. Jurij hatte hart dafür arbeiten müssen, sie ihr zu ermöglichen. Sie werde die Wehmut in ihrem Herzen heilen, hatte er gehofft. Es wird so sein, dachte sie und fühlte, daß diese Sehnsucht fortan nur mehr durch ihre Kindheitsträume wehen würde, wie bei jedem Menschen, über den Haufen zerbrochener Illusionen hinweg. Die Umstände der neuen Zeit hatten sie ernüchtert.

Gewiß, die Reise war schön und interessant! Sie hatte das Selbstwertgefühl, und auch die Selbstsicherheit, gestärkt. Und es war wunderbar gewesen, nochmal in ihrer Sprache leben, hören, sprechen und denken zu können! Sie hatte schon Bedenken gehabt, daß der Sprachschatz in ihr während der langen Abwesenheit verkümmert sei. Doch was sich einmal verwurzelt hatte, war geblieben.

41

Gut war, daß sie alles aufgesucht hatte, was ihr von Bedeutung gewesen war: die Menschen, die Stadt selbst mit allem Alten und Neuen, die Kirchen ihrer Religion, ihre ehemaligen Schul- und Studienplätze, Museen und Theater ihrer heimatlichen Kultur. Sie hatte ihren Wurzeln damit neue Nahrung gegeben und sich schöne Erinnerungen geschaffen für eine andere Art von abgeklärterem, rein dankbarem Heimweh. Sie wußte nun endgültig, daß diese ihre Heimatstadt sie reich beschenkt in die Welt hatte ziehen lassen, um ihr Glück zu finden; aber daß sie nie wieder würde in ihr leben können.

Irina nahm Abschied von ihren Freunden. Es war schön gewesen, daß sie sich noch einmal im Leben gesehen hatten und einander nähergekommen waren. Das warme Gefühl der alten Beziehungen zueinander flammte noch einmal auf, bevor es dann im Trubel dieser Zeit langsam für immer abkühlen würde.

Die Zeit war da, auch wieder an ihre neuen Freunde in der Valdajskaja zu denken. Sie waren über die Flut aller Eindrücke und Begegnungen in den Hintergrund geraten. Dabei hatten sie sie mit so herzlichen Umarmungen und vielen guten Wünschen in die Heimat fahren lassen, damit das Heimweh gestillt werde. Sie hatten es verstanden; denn seine Wurzeln vergaß man nicht! Jurij und auch die anderen würden sich aber auch auf ihre Zuverlässigkeit und Treue verlassen, daß sie zurückkommen werde, schon aus ihrer eigenen Redlichkeit heraus.

Und Jurij wußte um die Liebe zwischen ihnen. Er würde mit dem sichersten Gefühl der Welt im kleinen, schon dämmrigen Bahnhof von Valjansk stehen, wenn sie dort ankam, und sie mit einem lauten frohen Lachen begrüßen. Sie sah ihn schon dastehen, im Pelz wie ein Bär, mit weitgeöffneten Armen, in die sie hineinfallen werde. Seine dunklen, tiefgründigen Augen unter den buschigen Brauen würden strahlen vor Glück. Draußen an der Kutsche würden die Hunde sie mit angelegten Ohren und mit Liebe im Blick, vor Freude jaulend begrüßen und hohe Sprünge machen. Die Pferde würden sie liebevoll beschnuppern und umschnaufen, und ihre Köpfe an ihren Wangen reiben.
Dann würden sie heimfahren durch die verschneite Landschaft der Valdaj, hoi im Galopp, daß die Glöckchen der Pferde klingelten! Sie würde an der Schulter von Jurij kuscheln, warm und versunken im Pelz bis über den Augen, und mit der Freude im Herzen. Aus der weiten Ferne würden ihnen die Lichter aus den kleinen Fenstern der Datschen entgegen leuchten, wie Laternen in der Nacht, und sie würde sich schon darauf freuen, bald wieder auf der eigenen Schlafstatt zu liegen, warm an der Wand des großen, weißen Ofens, und geborgen an der Brust von Jurij. Und durch den kleinen getauten Fleck im Fenster über ihnen würde sie die blinkenden Sterne zählen an ihrem weiten, russischen Himmel.

So kam es, daß in der alten Heimat die Sehnsucht sie einholte nach der neuen: nach Jurij und den anderen, die sie liebte; und nach der stillen Skaja mit ihren Wäldern und Seen, und den Bergen der Valdaj, dem Land, das ihnen allen die Zufriedenheit schenkte.

Irina fuhr heim.

Sie nahm Vieles mit an Erinnerungen und kleinen Geschenken für die Daheimgebliebenen, alles überlegt ausgesucht, damit es auch rechte Freude machen würde. Die Päckchen strahlten in ihren schönen Verpackungen in weihnachtlich festlichem Glanz.

Für Larissa hatte sie einen edlen Stoff mit passenden Garnen und Knöpfen dazu. Sie konnte sie sich schon vorstellen, wenn der Frühling im Land begann, und sie am Arm von Alexej ihre Spaziergänge machte. Ihm würde sie ein geographisches Puzzle mitbringen für die Mußestunden im langen, russischen Winter, über dem er seine Weltreisen machen könnte; und der kleinen Anjuta eine gute Medizin und eine liebliche Puppe, schön und sanft ausschauend wie ein Engel mit blondgelocktem Haar. Ihrem größeren Bruder Andrej hatte sie einen modernen Taschenrechner besorgt, und ein Wörterbuch in verschiedenen Sprachen.

Die alten Babuschkas liebten die bunten Garne zum Verarbeiten, und Strumpfwolle. Auch die weichen, warmen Tücher mit bedruckten Blumen würden sie erfreuen.

Iwan Iwanowitsch und Gregor Gregoriwitsch werde sie mit einem neuen Schachspiel und ein paar feinen Zigarren beglücken. Für die alte Anna Iwanowa hatte sie eine neue Brille in verbesserter Stärke besorgt, damit sie wieder lesen und handarbeiten konnte. Dazu hatte sie eine ihrer alten zum Vergleich mit auf die Reise genommen.

Der jungen Karina würde sie ein Paar moderne, wunderschöne Ohrringe mitbringen, und eine dezente Schminke; für ihre Mama Katharina einen weichen, schön gemusterten breiten Schulterschal in Braun-Orange. Irina hatte für sich selbst einen ähnlichen gekauft und gleich umgelegt. Er war chic, und sie fühlte sich gut darin, und etwas angepaßter den modischen Frauen der Stadt.

Die siebenjährige Ramona, der sie Patin war, und die so gern Kutsche mit ihr fuhr und stets ein paar Ferientage bei ihnen verbrachte, vier Häuser weit von zu Hause, würde eine bewegliche Minipüppchen-Familie für ihre geliebte Puppenstube bekommen, und ein Kaufladen-Sortiment, mit dem sie zusammen mit ihrer kleinen vierjährigen Schwester Swenja spielen konnte.

Kalinka, ihrer Schwägerin und Mutter der beiden, würde sie mit einer neuen Armbanduhr eine Riesenfreude machen; denn sie war immer noch traurig darüber, daß ihr die einzige, die sie je besessen hatte, vor einem Jahr verlorengegangen war. Boris und der Sohn Nikolaj würden sich den Winter lang mit einer Sammlung interessanter Würfelspiele vergnügen können, und wahrscheinlich auch noch die anderen an den langen Abenden dazu einladen.

43

Irina wäre bei der so großen Auswahl an schönen Dingen in der Stadt noch Vieles eingefallen, doch der Transport wäre auf dieser weiten Reise nicht möglich gewesen, würde sie eh schon wie ein beladener Weihnachtsmann ankommen. Denn da waren auch noch die vielen kleinen Päckchen mit feiner Seife und Creme, die mit den Gewürzen, mit aromatischem, guten Kaffee, und die süßen mit Schokoladen, Pralinen und Marzipan! Und dann das größte und wertvollste für Jurij: die schon so lang ersehnte, zierliche Geige! Sie wußte: er würde sich unendlich darüber freuen, und sie über seine Umarmung fast erdrücken.

Auch einen leichten, schönen Stoff würde sie noch mitnehmen, um neue Vorhänge zu nähen für die kleinen Stubenfenster in ihrem gemütlichen Haus. Und dann noch die Farben zum Malen, die schönsten, die sie je hatte: die in Pastell für die Bilder des Frühlings, die kräftigbunten für den Sommer und Herbst, und die zarten in Rauchblau für die verträumten des Winters.

Irina nahm auch ein schönes, bebildertes Buch mit über ihre Heimat und ihre Stadt, um es den anderen zu zeigen, und ein wenig auch für sie selbst. Sie könnte es auch dem Neffen Andrej für die Schule ausleihen. Er war klug und wißbegierig und hatte ihr schon viele Fragen gestellt. So gerne wäre er jetzt mit ihr in die weite Welt gereist.

Wie freute sie sich auf Zuhause! Sie konnte es kaum erwarten, wieder in den großen Jumbo zu steigen, der sie schwebend heimwärts trug.

Endlich in Moskau, war es auch von dort aus noch weit; die Zugfahrt unendlich lang hinaus in die Valdajskaja. Eine ältere, dickliche Frau war zugestiegen und ließ sich bei den anderen im wenig besetzten Coupé nieder. Sie packte einen frischgebackenen Kuchen aus, den ihre Schwester ihr mit auf die Reise gegeben hatte, und bat alle, zusammenzurücken und den Kuchen mit ihr zu essen. So saßen sie und aßen, sprachen ein wenig, und auch wieder nicht, und träumten müde vor sich hin, ein jeder sich geborgen fühlend in ihrer kleinen Gemeinschaft.

Die Weite und Eintönigkeit der halbdunklen Valdaj, und auch das ewige Rattern und Holpern des alten Zuges mit der spärlichen Beleuchtung, machte schläfrig. Nichts, was sie aufschrecken ließ. Nur ab und zu ein kurzer Halt in immer größer werdenden Abständen. Ein kleines Licht am Bahnhof, und nichts weiter als ein Pfiff, ein „Do-swidanja!", ein Ruck; und weiter ging es in die Dunkelheit!

Weit war das Land, und die Nacht war lang. Sie schliefen in ihrer gemeinschaftlichen Runde, gebückt, gebeugt, gestreckt schlummerten sie als Fremde aneinandergelehnt wie Freunde. Nur die Frau mit dem Kuchen blieb wach. Eingekauert in ihren alten, schweren Pelz sang sie leise schläfrig vor sich hin: „Mamatschi, schenk mir ein Pferdchen, ..."

Sie hat eine wunderbare Stimme, dachte Irina im Halbschlaf, während Karussellglöckchenklingen, Schlittenkufensingen, Babuschkaslachen, Pferdegalopp und *Kettenklirren durch ihre halbwachen Träume zogen auf der Fahrt durch die Nacht, und die* Frau im Pelz weitersang, glockenrein und traurigschön:

„Mamatschi, schenk mir ein Pferdchen, ein Pferdchen wär mein Paradies ..."

~

Mit der Sehnsucht

im Wind geflogen
auf der Suche
nach neuen Ufern;
mit den Kranichen gezogen
zu wilden Wassern
und grünem Gras;
Menschen gefunden
klar wie die Wasser
sanft wie die Seele
in mir.

Mit der Sehnsucht
im Herzen geflogen
auf der Suche
nach alten Ufern;
konnt' sie nicht finden
die frohen Gesichter;
Illusionen vergoren
hab' das Heimweh verloren
und die Sehnsucht entdeckt
nach meinem Ufer
in dir.

*

Heimflug   **Ölmalerei**

47

Es blühe der Oleander

Mit dem Frieden war auch mehr Wärme ins Land gekommen, und an den Mauern der Terrasse blühte wieder der Oleander. Seine langen, dünnen Zweige wiegten sich im Sommerwind.

„Zwei Jahre lang hat er nicht geblüht", sagte Josips Frau, und strich zärtlich über eine seiner lachsfarbigen Blüten. „Man kann es ihm nicht verdenken", meinte sie verständnisvoll, mehr dem Oleander als Josip zugewandt.

„Hm" nickte Josip nur, „hm", mehr nicht und dachte, daß wohl auch niemand auf einen blühenden Oleanderstrauch geachtet hätte in einer Zeit, wo es ums Überleben ging und Wichtigeres zu erwarten gab. Er würde nun wohl jedes Jahr wieder blühen, dachte er müde, wenn er schon zusammen mit dem Frieden im Frühling wiedergekommen war. Das dachte er, einfach so. Für heute genügte es, daß er das Herz seiner Frau wieder erfreute. Das seine hatte andere Sorgen von viel größerer Bedeutung.

Das Haus war wichtiger. Es war von Granaten durchschossen und ein Teil davon ausgebrannt, wie Josips Herz. Freudlos traurig standen beide da; das Haus wie das Herz. Der Anblick schmerzte ihn in der Erinnerung daran, was es einmal gewesen war.

Es war ein feines Haus gewesen, und ein gutes von solider, fortschrittlicher Bauweise. Er selbst hatte es gebaut, zusammen mit seinem jüngeren Bruder, dem es auch ein Zuhause geworden war. Doch auch er lebte nicht mehr, von einer Granate getroffen, wie das Haus.

Lang und hart hatten sie in der Fremde dafür gearbeitet, Vieles darüber entbehrt und das Heimweh ertragen, bis sie eines Tages zurückgekommen waren, mit dem Geld und dem Bauplan in der Tasche. Welch ein Tag!

Sie hatten für den Bau des Hauses auch die neuesten und besten Dinge mitgebracht. Es sollte gut und schön, und haltbar werden. Dann hatten sie all ihre Fähigkeiten an ihm bewiesen, und ihm, und auch sich selbst, ein außergewöhnliches Gesicht gegeben.

Aus der ganzen Straße waren die anderen gekommen, um ihnen bei der Arbeit zuzusehen. Wie mißtrauisch hatten sie alles beobachtet, neugierig und gespannt, und dann später bewundernd und anerkennend. Am liebsten hätten einige mit daran gearbeitet, um daraus zu lernen. Die aber mit dem Neid im Herzen waren stumm daran vorbeigegangen. Es waren die, die nicht wußten, wie schwer sich das Geld draußen in der Welt verdiente.

Wehmütig dachte Josip an diese Zeit zurück, die hart gewesen war, aber gut und auch schön. Mochte das Haus auch besser dagestanden sein als andere, am Ende vielleicht sogar ein wenig protzig; Es war ein Denkmal seiner Plage gewesen und seines Könnens; denn es hatte überzeugt und ihn zu Josip, dem „Mann von Welt" gemacht.

Es hätte ihm auch heute nichts mehr ausgemacht, die Kraft seiner besten Jahre dafür gelassen zu haben, wenn da nicht dieser Krieg gekommen wäre, so erbittert lang und hoffnungslos.

Er hatte in der Natur gewütet, in den Straßen und Häusern, und in den Herzen der Menschen. Mit dem Donnerschlag einer Rakete, mit einem Schuß und der Explosion einer Granate, waren plötzlich Leben ausgelöscht, und waren sie auch noch so jung und unschuldig.
Mit Trauer und Unverständnis im Herzen gedachte er seines Bruders, und einiger anderer der Familie. Und letztendlich all jener, die in seinem Land ihr Leben dadurch verloren hatten.
Was für ein unermeßliches Leid hatte es für die Übriggebliebenen mit sich gebracht! Und die Arbeit einer, ja mehrerer Generationen, war zerstört!

Da stand er nun vor dem Scherbenhaufen der guten Jahre und blickte mit müden Augen auf die Überreste des Hauses, in dem einmal all seine Träume gewohnt hatten.
„Wir werden uns wieder einen kleinen Garten anlegen!" sagte seine Frau. „Hier, hinter dem Haus, wäre ein warmer, guter Platz dafür!"
Auch von neuen Treppenstufen zur Terrasse sprach sie. Man könne sie aus den zerbrochenen Fliesenresten zusammensetzen. Eine blaue Clematis wolle sie an die Hauswand pflanzen, nahe der Treppe, damit sie sich in ein paar Jahren über die Ausgangstüre ranken könne, als Schmuck des Hauses. Das sei immer schon ihr Wunsch gewesen. Und der alte, unversehrt gebliebene Korbsessel würde davor stehen, zum ruhen und entspannen. Von ihm aus hätte man einen Rundumblick über den Garten. Planend und begeistert ging sie zwischen den Steinblöcken und Mauersteinen des zerstörten Hauses herum, die verstreut auf dem Grundstück lagen, und freute sich auf das, was einmal eine kleine Idylle werden sollte.

Warm schien die Sonne. Josip setzte sich auf die warmen Steine der Terrasse und lehnte sich an die Reste der Hauswand. Gleichgültig hörte er seiner Frau zu. Ihre Begeisterung zog an ihm vorbei als berühre sie ihn nicht. Gedankenlos sah er sie dastehen, eine Hand am geknickten Schmiedeeisengeländer, das einmal ein Meisterstück gewesen war; und er fühlte, daß auch sie, mit den Blumen auf ihrem Sommerkleid, wieder zu blühen begann.

Josip schlief ein. Der Sommerwind strich durchs Haus. Er wehte zwischen den Mauertürmen hindurch bis zur Terrasse und sang seine Lieder. Und er brachte kleine Träume mit und Bilder, so schön, in denen das Glück lag.
Er wehte den Duft wildgewachsener Gräser und den des Oleander herüber. Sein Säuseln, wie das Streicheln einer sanften Hand, zauberte ein vages Lächeln in Josips müdes Gesicht.

~

49

Wer ist bereit

Wiedergutmachung
zu zahlen
mit Menschlichkeit
und money
wer, wo und wem
und wieviel?

Wer büßt und bedenkt
das Töten
das Schänden
das Vertreiben
das Schinden
das Hungern
das Frieren
das Zerstören?

Hoch ist der Preis
unbezahlbar längst
für alles Leid der Welt;
doch die Kain-Abel-Geschichte
geht weiter.
Kein Stern am Himmel
von Bethlehem,
der die Welt erhellt!

*

Farah

an ihre Stadt:

Als ich kam, sagte ich nur: „Ich bin Farah!", blickte staunend zu dir auf und trat zögernd ein. Du schienst es kaum zu bemerken, breitetest stumm deine Arme aus und nahmst mich auf zu den Vielen in deinen Schoß.

Ich kam, wie ich war: naiv, zurückhaltend und neugierig zugleich; ein Kind aus einer anderen Welt mit kargem, eintönigen Boden, das in die Fremde kommt, scheu und erwartungsvoll, und mit einem Herzen voller Illusionen auf ein besseres Leben.

Wir wußten nichts voneinander, nichts außer unserem Namen, und nahmen uns an, so wie wir waren. Du warst groß, und ich wirkte verloren in dir. Doch du nahmst mich bei der Hand und wiesest mir einen Platz zu. Dann ernährtest du mich eine Weile und führtest mich fast unbemerkt in die Gleise deiner Ordnung; denn ich trieb wie ein Blatt in deinem wirbelnden Wind und war nicht ganz bei mir selbst.

Ich ließ alles hilflos geschehen, wußte nicht, was recht für mich war, was Zukunft hatte und was nicht. Du aber sprachst deine Gebote aus und verlangtest Gehorsam. Deine Regeln waren mir neu und oft unverständlich, und sie schienen mir manchmal zu hart für eine Fremde, der erbarmungsvoll Nachsicht gebühre.

Du warst unnachgiebig in deinem Verlangen, wolltest deinen Charakter, dein Niveau gewahrt wissen, insbesondere auch wegen der Vielzahl derer, die du aufnahmst und einzugliedern versuchtest in die Gemeinschaft deiner Kinder.
Du mußtest so sein; denn du warst ihre Mutter!

Du sorgtest dafür, daß wir ein normales Leben hatten, in Freiheit, Recht und Ordnung, und gabst uns Hilfestellung in der Not. Immer wieder fandest du einen Weg, den ich gehen konnte, warst großmütig, auch großzügig und tolerant. Vielleicht hattest du auch mein Bemühen um eine Daseinsberechtigung in dir bemerkt, und daß ich es mir in den Kopf gesetzt hatte, meine zweite Heimat in dir, meiner Stadt, zu finden.

So schlossen wir einen Pakt: Meine Bereitschaft in Form von Anpassung und Mitwirkung gegen das Täglichbrot, und ein Zuhause mit Zukunft!

Es ging langsam voran; aber ich war auf dem Weg. Es war recht mühsam, neu denken, neu sprechen, neu gehen und verstehen zu lernen. Dabei begleitete mich der Schatten meiner Herkunft auf allen meinen Wegen. Er war mir umgehängt wie ein Mantel zum Schutz gegen den Wind der Welt, und ließ sich nicht einfach ablegen in einem anderen Haus.

Ich muß gestehen, daß ich es zuweilen gern getan hätte, denn er war sichtbar und stellte eine Herausforderung dar für die anderen, und für mich oft ein Hindernis im Bemühen, mich anzupassen.

Es waren die Jahre der Geduld: über das Einleben in deine Gesellschaft, die Gewöhnung an die neuen Regeln und Gebräuche, an eine andere Denkweise und Lebensart; und vorallem an die neue Zeit.
Es war die Zeit der Reife. In ihr wurde ich zu deinem Kinde!

Ich weiß noch gut, wie glücklich ich war, als ich bemerkte, daß ich nicht mehr die Fremde war und zu dir gehörte. Zufrieden war ich aber auch darüber, daß ich mir treu geblieben war, und meinen Wurzeln im Herzen einen ehrenhaften Ruheplatz gegeben hatte. Da warst auch du es gewesen, die mir über deine Treue zur eigenen Tradition den Mut zu mir selbst, zum Bekennen meiner ureigenen Zugehörigkeit, vermittelt hat.

Du warst es auch, die mich über deine ausnahmslos fürsorgliche Pflichterfüllung glauben gelehrt hat, daß alle Menschen, gleich welcher Rasse und aus welchem Land der Erde, das gleiche Recht auf ein Bestehen haben, und daß auch ich meinen Wert in die dir habe.

Damals, in der Lebenslust meiner jungen Jahre, begann ich meine Flügel auszubreiten, zum Tanz und manchmal zum Flug. Wie gut, daß ich mich in strenger Hand befand, auch in der deinen, und daß meine Flügel ein wenig gestutzt wurden, damit ich nicht zu hoch abhob und zu weit. Es war ein wunderbares Gefühl, zu spüren, wie frei ich geworden war über die Entwicklung in dir. Frei auch in mir selbst, in meinem Denken und Empfinden, und trotz aller unabdingbaren Zwänge, die mich von Kind an begleiteten.

Und sollte ich doch einmal weggehen von dir, werde ich als eine Frau mit erhobenem Haupte gehen, und mit offenem Blick, weil ich frei bin!
Ich werde überall in der Welt bestehen können, weil ich stark genug bin, und Toleranz im Herzen habe!
Ich werde deinen Stempel an mir tragen, und aus meiner Sprache deinen Klang hören, du, meine Stadt!
Eine Sehnsucht wird mit mir sein, tief drinnen in meinem Herzen wohnen, die deinen Namen trägt!
Ich werde das Leben zweier Länder leben, und meine Art an meine Kinder weitergeben; denn ich wurde geboren in die heimatliche Kultur, und von dir erzogen im Wind der neuen Zeit!

~

52

Wind der Zeit

Ich habe den Wind gehört
draußen im Land
da, wo einst Farah wohnte.
Er sang das Klagelied
einer Prinzessin
in tausendundeiner Nacht,
die hinter Mauern
den Gobelin
für ihren fremden Bräutigam webt.

Ich habe den Wind der Zeit gehört
In der fernen großen Stadt.
Aus offenen Fenstern
klang das frohe Lied
einer schönen, jungen Frau,
die mit freiem Herzen
und offenem Haar
ihrem Herzallerliebsten
entgegenschwebt.

*

53

Wirbelstürme

Achmed spielt Schifferklavier
Nikolaj bläst Trompete
Paolo das Alphorn hier
und Suleika tanzt Bossa-Nova mit dir.

Lucy kocht Bayerischkraut
Katharina Crèpes provencial
Mareike macht Spätzle mit Kas
und Antje Lasagne original.

Leòn trägt Bermudas in Moskau
Isabella fast nichts im Maxime
Franz Xaver Sombreros in München
und Amina kein Kopftuch mehr in Berlin.

*

Barrieren

Der Sommer war warm und gut, und er brachte alles zum Blühen. Er schuf die wundersamsten Naturgärten, verlieh dem stolzen Rittersporn ein geheimnisvolles Blau, den Trollblumen ein helles Sonnengelb, dem Klatschmohn ein protziges Rot und den Margeriten ein unschuldsreines Weiß.

Ungestört wuchsen und blühten sie, als sei dieser Ort ein gottesfriedlicher Acker. Vom Sommerwind waren sie gesät und wer weiß woher geweht, wie so manches andere dort, was schon lange nicht mehr in den Wiesen blühte. Geschützt vor Menschenhand gedieh alles zwischen den Sträuchern, Bäumen und Büschen, und der Ort schien eine Idylle.

Hoch wie die Büsche, und genauso alt wie sie, war auch der Zaun, der sie an einer Seite begrenzte. Schier endlos zog sich sein stählernes Netz durch die Stille und gebot Halt.

Und doch flogen Bienen und Schmetterlinge zu den Blüten über die Grenze, und Vögel hatten ihre Nester in die Maschen des Zaunes geknüpft, als sei dieser Platz der beste zum Verweilen, und um eine nächste Generation aufzuziehen. Sorglos überflogen sie auch die *jenseitige Patrouillenmeile, die sich wie ein nacktes Band entlang der wilden Gärten zog, und* tirilierten darüber in den Lüften. Auch der Sommerwind wehte hin und her, trug Kinderlachen und Ringelreihen hinüber in ein stilles Land.

Der Wind war es wohl auch, der die junge Rose an den Zaun gesät hatte, und der warme Sommer hatte sie zu schnell daran hinaufwachsen lassen. Sie hatte ihre Arme gereckt und gestreckt, als wolle sie hinüberklettern. Abschätzend hatten sich nachts die prüfenden, langen Lichter aus den Türmen an sie geheftet, wohl nicht, um ihre Blüte anzustrahlen. Als wüßte sie um ihre Ausgesetztheit, verströmte sie wie beschwichtigend ihren Duft in die trügerische Idylle, versprach Schönes so leicht und süß; und unschuldig jung wie sie war, hätte man ihr glauben mögen.

Der Sturm, der alles umbrach, kam in der Oktobernacht.

Er zog durch das ganze Land, wirbelte alles auf und riß auch das mit sich, was tief verwurzelt schien. Er kam mit Schrecken und Staunen, mit Weinen und Lachen, mit Tanz und Jubel, und ließ im Augenblick vergessen, was einmal war. Im Wind wehten die neuen Klänge Freiheit, freedom, liberté und swobóda hinaus in die Welt.

So gab es einen Frühling im Oktober! Und er wollte nicht enden. Lang noch hielt sich das Echo des Liedes um Freiheit und Einheit über dem Land. Die ganze Welt hatte ihre Arme geöffnet und schien wie vergoldet schön. Sie umarmte die Kinder der Revolution und ließ aufs neue Blütenknospen sprießen. Auch sie trieben schnell voran, wie nach einem zu langen Winter, und wurden zur Hoffnung, daß Freiheit grenzenlos sei, und daß Frieden Zufriedenheit wäre.

Doch die Sommersonne bleichte die knallbunten Farben aus, und der Wind der Zeit verwehte die Illusionen.

Er ließ glätten und heilen, die Natur und die Herzen. Und er ließ wissen, daß ein Leben in Freiheit süß schmeckt wie ein Kuchen mit Bittermandel darin.

Mauern und Zäune waren inzwischen gefallen, und mit ihnen auch die Rose. Nur einen Sommer lang hatte sie geblüht, so kurz wie Träume blühen, die an einen falschen Ort gesät *sind.*

Aus ihrem Dornenherzen, verstrickt und verborgen, hatte sie einen Schuh freigegeben. Er war einmal gejagt worden über die Todesmeile und zurückgeblieben in ihrem Schatten. Unverschlissen war er noch, so jung und schön von zarten Mädchenfüßen, und rosarot, wie einst der Rose erste Blüte.

~

Barrieren

standen einst
draußen im Feld
meilenweit im Band
aus Stacheldraht
Türmen, Mauern
und *Vopos zum lauern.*
Alles, alles ist fort!

Eines Nachts kamen sie
die Menschen von dort
mit tausend kleinen Lichtern
in fester Hand
und schmolzen ein
den eisernen Gürtel
in stummem Protest
für glücklichere Gesichter
und die Freiheit
Ort für Ort
nach dem Motto
„Go west!"

*

Barrieren

jedoch
gibt es immer noch
mancherorts
viele.
Sie enttäuschen
nehmen Illusionen
schränken Freiheiten ein
versperren Ziele.

Barrieren
bauen auch wir auf
im Streit
zwischen dem Hass
und der Liebe
und stehen dann
dies- und jenseits davor;
doch man sieht sie nicht
im Land der Gefühle.

*

Barrieren   **Aquarell auf Seide**

Das Salz in der Suppe

Sie saßen im Flughafen-Cafè, der Hannes und die Flora. Es war für sie ein Ausflug in die große Welt, fast so wie für die Weltreisenden zu ihren Zielen. Alle Vorgänge um die An- und Abflüge waren interessant, zu beobachten. Es hatte etwas Aufregendes und überforderte sie, und sie beneideten sie nicht darum. Dennoch fühlten sie sich davon angezogen und kamen sich jedesmal vor, als gehörten sie selbst irgendwie dazu. Der Wunsch war wohl unbewußt der Urheber des Gedankens, zumindest bei Flora. Sie spürte manchmal eine kleine stille Sehnsucht im Innern, auch einmal unter ihnen zu sein, um in einem großen Jumbo alles Alltägliche unten am Boden zurückzulassen und geradewegs in ein Urlaubsparadies zu fliegen. Die damit verbundene Hektik und Belastung schien jedoch groß zu sein, das lag nicht nur an den weit entfernten Zielen. Alle wirkten müde und erschöpft, ob sie abflogen oder ankamen, egal wohin und woher. So war Hannes der Meinung, daß wirklich erholungsbedürfte Menschen dieser Anspannung nicht gewachsen wären. Dennoch, sagte sich Flora, daß sich die Anstrengungen wohl lohnen würden; nahmen sie sie doch alle in Kauf.

„Es ist praktisch für die Berufstätigen", meinte Hannes nur. Ansonsten zog es ihn nicht in die Ferne. Er war an dem Punkt angelangt, wohl oder übel, an dem man sich mit dem abfand, was man hatte, das Gute und Schöne darin sah, und zufrieden damit war. Schon allzu früh hatte er sich in ihre kleine überschaubare Welt eingebettet, und ruhte gut und zufrieden darin. „Laß gut sein, Flora"! ermahnte er manchmal. „Wir sind gesund, haben das Haus und den Garten mit dem schönsten Platz der Welt, um uns zu erholen. Was wollen wir mehr? Alles Zusätzliche wäre vermessen"! Gewiß: sie wohnten in einer herrlichen Natur mit gesunder Luft, und konnten sich kleine Abwechslungen aller Art schaffen, die durchaus zufriedenstellten und sich leicht verkraften ließen. Im Prinzip hatte Hannes schon recht, und das hielt auch Flora am Boden.

Und doch wurden ihre Blicke lang, wenn sich draußen vor der Glasfassade des Flughafencafès die Langstreckenmaschinen majestätisch gen Himmel erhoben, oder aus den Wolken zur Erde zurückkehrten. Sie fragte sich dann, wie es den Passagieren darin wohl zumute wär, sich vom sicheren Erdboden zu entfernen. Und wie weit der Himmel oben wär, wie dicht die Wolken und wie weich, und wie das Blau darüber, wie die Sonne? „Über den Wolken, muß der Himmel grenzenlos sein"... sang doch Reinhard May so sehnsuchtsvoll, und daß auch er gern mitgeflogen wär; und Flora konnte ihn im stillen verstehen.

„Weißt du", meinte Hannes auch heute wieder, „die Welt ist schön, und das Reisen mag ja auch interessant sein, aber glaube mir, man kann nicht einfach dem ganzen Ballast von Alltag und Sorgen entfliehen. In Gedanken nimmt man ihn mit, um an anderer Stelle eine Lösung für ein Problem zu finden, oder es zu vergessen. Ich stelle mich ihm lieber vor Ort, anstatt daß es mich woanders belastet und nach der Rückkehr wieder einholt. Dann würde es mir noch schwerer fallen."

„Mag sein, daß den Menschen das eine leichter fällt als das andere", entgegnete Flora in ihrer Ruhe. „Mancher möchte vielleicht in einem Urlaub erst neue Kräfte sammeln, um danach wieder alles neu anzupacken. Genau so, wie man das Verreisen auch noch anders sehen kann", meinte sie tiefsinnig. „Es muß ja keine Flucht sein von daheim, sondern vielleicht auch eine Neugier nach fremden Welten damit verbunden sein?"

Ein still dasitzender Herr am Nachbartisch, der unfreiwillig Zuhörer ihrer Gespräche geworden war, äußerte sich höflich, aber mehr zu sich selbst als an sie gerichtet: „Ja, das kann man so sehen!" Und an sie gewandt: „Zunächst ist es wahrscheinlich auch die Neugier; aber denken Sie darüber nach, sie hat auch ihr Gutes. Sie hält den Geist beweglich und entfacht die Lebenslust und den Mut, etwas auf sich zu nehmen, um irgendwo ein kleines Glück zu finden. Und das Glück gibt es vielerorts auf der Welt, glauben Sie mir, nicht nur zu Hause, wo ihm der Alltag nun mal ein ernsteres Gesicht verleiht, oder es sogar zerstört."

Flora und Hannes hörten ihm schweigend zu. Nachdem auch der Herr kurz innegehalten hatte, kam er jedoch nach einer Weile wieder darauf zurück: „Schauen Sie", sagte er, „Die Neugierde hält uns wach. Sie weckt die Lust in uns am Leben, an anderen Mitmenschen, nicht nur an denen, die wir kennen, sondern auch an denen in anderen Ländern und auf anderen Kontinenten. Über unser Interesse an ihnen erfahren wir wie sie reden, lachen, singen, und auch weinen, und lernen sie verstehen. Und wir begreifen auch erst darüber, daß es nicht nur uns gibt. Verstehen Sie? Wir werden mitmenschlich fühlender, und auch demütiger über die Vielzahl der Menschen dieser Erde überhaupt; und vorallem lernen wir, angesichts der wirklichen Verhältnisse und Sorgen anderer, erkennen, wie gut es uns eigentlich geht."

„Wir sind zufrieden mit unserem Leben", fiel ihm Hannes energisch ins Wort; „Wir haben unsere eigenen Interessen und richten uns das Leben ein, wie es gut für uns ist. Es mag wohl so sein, wie Sie sagen; aber für uns liegt das Glück nun mal zu Hause. Wir müssen dafür nicht in die Ferne schweifen. Dank der heutigen Technik können wir auch im Wohnzimmer bequem die Paradiese dieser Welt bestaunen, und die Menschen und Kulturen verstehen lernen", meinte Hannes.

Doch der Herr gab sich nicht zufrieden: „Nein, es ist nicht dasselbe Einfühlungsvermögen, nicht die gleiche Erkenntnis, die man auf diese Art gewinnt! Wir müssen es erleben; die Augen müssen es live sehen, die Ohren alles hören, die Sprache, das Lachen; unsere Haut muß die Hitze oder Kälte spüren, in der sie leben", versuchte er ihnen vehement zu erklären. „Nur so lernt auch unser Herz mitfühlen. Wir müssen den Wind des anderen Kontinents spüren, seine Natur und sein Leben atmen, verstehen Sie?"

Draußen dröhnten die Motoren; aber drinnen am Tisch war es still geworden. Jeder hing seinen Gedanken nach, auch Flora.

61

Als die Landung einer Maschine aus Nairobi angekündigt wurde, brach er auf und verabschiedete sich freundlich: „Das Leben kann so interessant sein, und die Welt so bunt", *meinte er lächelnd. „ Man sollte versuchen, alle ihre Farben kennenzulernen, anstatt grau in* grau zu leben. Ich habe sie über das Reisen entdeckt. Es war immer wieder das Salz in der Suppe meines Lebens. Und, glauben Sie mir, sie schmeckt oft fad, seit ich es nicht mehr kann!"

~

Fernweh

nach dem warmen Land
dem Paradies
wo ewig Sommerblumen blühn
auf zarten Kleidern,
wo Möwen ziehn
aufs Meer hinaus,
wo ich Ruhe finde
an einem stillen Platz
im warmen Sand,
wo ich die Muschel suche
in der das Meer noch rauscht,
da, wo die Liebe wohnt
in jenem kleinen Haus.

*

Pako

Wenn die Sonne im Pazifischen Ozean versank, war es langsam an der Zeit, daß Pako nach Hause ging; denn sein Weg war oft weit, und die Straßen der großen Hafenstadt waren später in der Dunkelheit nicht nur die feinsten. Nicht, daß Pako zu den Ängstlichen gehört hätte. Im Gegenteil: wegen seiner Hilflosigkeit war er vielmehr einer der Schlauen und Vorsichtigen geworden, besonders in der Nacht. Er gab dann lieber die Arbeit auf, wenn auch mit hungrigem Bauch, und zog sich verstohlen in seine Behausung zurück. Sie war Pakos Stand in der Gesellschaft angemessen, und auch nicht vom feinsten.

Pako besaß ein Tonnenhaus, regendicht und lang genug zum Ausstrecken, wenn er am Abend müde zurückkam, und groß genug, um in der hintersten Ecke seine wenigen *Habseligkeiten zu verwahren.*
Vorher hatte die Tonne wohl einmal dazu gedient, das Regenwasser für die lange Trockenzeit aufzufangen. Pako hatte sie im Vorbeigehen in dem verlassenen, mit Büschen zugewachsenen Garten entdeckt, als ein heftiger Gewitterregen vom Himmel prasselte und man jeglichen Schutz gebrauchen konnte. Der Sturm hatte sie umgeworfen und unter die Sträucher gerollt, an einen idealen uneinsichtbaren Platz, der Pako zum Zuhause wurde.
Abend für Abend freute er sich auf sie, breitete die Decke auf seiner eigenen Schlafstatt aus, und hatte eine ruhige Nacht.

Nur einmal hatte er die Tonne mit jemanden geteilt: mit einem Kameraden von der Straße. Es war ein junger Hund, der genauso war wie Pako: jung, hungrig und glanzlos, und mit Augen voller Sehnsucht nach Wärme. „Hermano" hatte er ihn genannt: „Bruder".
Hermano hatte schnell verstanden, daß er von Pako nicht viel mehr zu erwarten hatte als den Schlafplatz in der Tonne bei Nacht, als die Hand, die ihn in den Schlaf streichelte, und *Pakos Flüstern am späten Abend, wenn sie eng beisammen lagen in der geteilten Wärme.*

Doch Hermano lebte Pakos Leben in den Straßen der Stadt, und war dazu noch viel zu klein und unerfahren. Pako begriff es in jener Nacht, als er Hermanos Nähe vermißte. Er fand ihn am anderen Morgen in der Früh erschlagen im Rinnsal einer Gasse, wo jeder achtlos an ihm vorüberging. Schon damals wurde ihm bewußt, wie wertlos ein Straßenleben war. Es hätte auch seines sein können. Und von da an fror es ihn auch in seinem Innern.

Doch die Erkenntnis nützte ihm wenig. Pako erwachte immer wieder in einen neuen Tag voller Herausforderungen, zu überleben. Morgen für Morgen ging er hinein in den Lärm der Straßen: *auf die Plazas, zu den Boulevards und auf die Promenaden am Strand; vor die Portale der Kirchen und Museen und die der feudalen Hotels; und in die Parks und Alleen,* die zu den Villen führten, obwohl er nirgendwo gern gesehen wurde, wie ein junger Hund, der bettelte.

Gegen Abend strich er um die Casinos, wartete vor den Bars und Ausgängen der feinen Restaurants, bis die Dunkelheit kam.

Pako erlebte viel an einem Tag und war an Freundlichkeiten wie an Demütigungen gewöhnt. Er kannte die verschiedenen Klassengesellschaften der Menschen und wußte sich auf jede einzustellen. Doch meist genügte es, nur stumm die Hände aufzuhalten und Blicke sprechen zu lassen, die ans Herz rührten. Pako erkannte auch gleich die mit dem guten Herzen und dem echten Erbarmen, und war ihnen besonders dankbar; denn sie schenkten ihm oft mit Wenigem viel mehr. Er sah auch den anderen hinter die Stirn, die ihm aus purem Eigennutz etwas zukommen ließen, vorallem wenn sie in Begleitung einer beachtlichen Gesellschaft daherkamen. Es stockte das Ansehen bei ihnen auf, dem armen kleinen Teufel in einem Anflug von Großmut eine größere Münze zuzustecken. So machte das Geben, aus welchen Gründen auch immer, alle zufrieden, und am meisten Pako.

Über den Umgang mit vielerlei Menschen und Gefahren erhielt auch Pako in Kinderjahren seine Bildung. Die Straße war seine Schule. Dort lernte er seine Lektionen. Dumm durfte man auch nicht sein, um wie Pako seinen Lebensunterhalt zu verdienen. Und er hielt sich nicht für dumm; denn er wußte, wie internationales Geld aussah, und was es im einzelnen wert war, und wieviel Tortillas er sich davon kaufen konnte.

Vorallem aber verdankte er seiner Wachsamkeit, daß er täglich überlebte, und, daß er vielleicht ein wenig satter wurde als manch andere, und als man ihm zugestand. Kollegen, die weniger wachen Instinkt besaßen, blieben nicht lange. Sie verschwanden über kurz oder lang, für immer!
Gut, daß er schon früh gelernt hatte, sich den Gesetzen der Straßenbanden unterzuordnen, sonst gäbe es auch ihn schon lange nicht mehr. Das Milieu auf der Straße war nur etwas für die Mutigen und die Schlauen, die die Gefahren schon ahnten, bevor sie da waren. Wurden sie dennoch einmal von den Spähern der Banden gefaßt, so galt es stark zu sein, stark an den Nerven. Und schweigsam auf Biegen und Brechen, sonst wartete anschließend die Hölle auf sie bei der Verurteilung des Bandenleaders und der anschließenden Auseinandersetzung mit seinen Bodyguards. Ein jeder von ihnen war in seiner Gewalt, und niemand war selbständig. Er schuf die Gesetze, an die sich alle halten mußten. Eine grobe Mißachtung bedeutete unter Umständen die Todesstrafe. Niemand wußte auch, wann und wo er mit seinen Bodyguards auftauchte, um sich seinen Anteil der Tageseinnahmen zu holen. Er war plötzlich da und nahm reichlich, ob der Tag gnadenreich war oder nicht. Der Ablauf vollzog sich wortlos. Hatte man wenig, so griffen sie nach einem selbst, ebenso still und ohne Erbarmen, und öffentlich unbemerkt in der Helligkeit des Tages.

Die Nächte gehörten den Banden und der Polizia. Da galt es, sich rechtzeitig zu verziehen, um nicht in die heiße Jagd zu geraten, mit der sie den nächtlichen Frieden der Stadt störten, und über die auch die Kleineren, wie Pako, immer weniger wurden.

Pakos guter, wacher Instinkt war seine Garantie, überhaupt täglich im großen Schwarm der kleinen Planktone mitschwimmen zu können, ständig der Gefahr ausgesetzt, von den größeren Raubfischen gefressen zu werden. Nur damit überlebte er. Er war sein Beschützer und sein Ernährer, und Pako wußte, daß er sich alle Tage auf ihn verlassen konnte. Ja, er hörte auf seine Stimme, wenn er zu ihm sprach und ihn vor Gefahren warnte, oder zum Erfolg führte.
Ehrfürchtig nannte er ihn „Padre – Vater".

Es könnte alles so weitergegangen sein, wenn da nicht der Morgen gekommen wäre, an dem er nicht mehr aufstehen wollte. Ein Sturm war über die Stadt gefegt mit sintflutartigem Regen. Die Wellen des Pazifiks waren bis über die Promenaden geschlagen und hatten die Stadt in Angst und Schrecken versetzt.
Pakos Tonne aber, weiter abseits gelegen, und umwachsen von den starken Armen der Kakteen und des Gebüschs, hatte ihm Schutz geboten. Doch es war keine Wärme mehr in ihr, und auch nicht in Pako. Seit Tagen hockte er darin, frierend an Leib und Seele, und umrauscht von Regen und Sturm. In ihm selbst aber wurde es immer stiller. Sein Bauch verlangte nichts mehr, und sogar die Stimme des Padre, die ihn jeden Morgen zum Aufstehen aufgefordert hatte, und der er sich gehorsam fügte, schwieg.

Stattdessen kamen die Träume. Sie führten ihn zurück in die Straßen der Stadt und ließen es zu, daß er gehetzt und gejagt wurde und man mit ihm abrechnete in roher Gewalt. Ganz deutlich sah er sie alle vor sich, und das grinsende Gesicht des Bandenleaders war direkt über ihm. Als er aus seiner Not erwachte, war er naß wie der Strauch im Regen vor der Tonne.

Bald aber wurden auch die Träume stiller und schöner.
In ihnen schien es Pako, als strecke Jemand die Hand nach ihm aus, der es gut mit ihm meinte, einer von jenen mit dem guten Herzen. Er nahm ihn mit in die Welt der Privilegierten und ließ ihn ihresgleichen sein. Es kamen auch Freunde von der Straße, solche, die es schon lange nicht mehr gab, um ihn an der Tonne abzuholen. Gemeinsam als Brüder einer großen Familie ritten sie auf weißen Pferden davon, jung und froh, und frei wie der Wind.
Ein anderes Mal jagten sie auf den Rücken der wilden Creollos durch die Weite der Pampa, den Rindern hinterher, saßen bei der Nacht am Feuer und teilten alles miteinander: das Essen, den Tequila, ihre Geschichten und ihre Lieder. Und wenn die Sonne aufging, ritten sie, Seite an Seite, den in der Ferne liegenden, weißen Mauern der Estancia entgegen, die ihnen Heimat war.

Pako erwachte noch einmal aus seinem Fieber, auf daß ihm klar werde, daß nur seine Seele die Süßspeisen der Träume genossen hatte. Selbst sein schwaches Leben forderte noch schonungslos Bewußtheit. *Er verkroch sich noch ein wenig mehr als sonst ins Innere der* Tonne, auf deren Blechdach der Regen trommelte und in endlosen Bächen daran herabfloß und durch die verrosteten Nieten ins Innere tropfte. Er vermischte sich mit dem Fluß seiner Tränen, der zurückgehaltenen Tränen von gestern, mit denen von heute und auch morgen, die kein Freund, kein Bruder um ihn weinen werde, und wurden zu Tränen der Barmherzigkeit, die Pako sich selbst zum Abschied schenkte, bevor ihn die himmliche Stimme des Padre rief.

~

Schenk mir ein Stück von der Sonne

El *Dios de los pobres*
Du Gott der Armen
bitte, schenk mir ein Stück
von ihrem warmen, goldenen Mantel!

Hinreiten werde ich über die Berge
und schwimmen durch alle Meere
ehe sie untergeht am Ende der Welt
mit dem schnellsten Hengst aus der Pampa!

Hoi, wird der Mantel glänzen im Flug
wird leuchten und blenden
werde aufrecht darin schreiten und rufen:
„Hola, vivimos companeros, das Leben ist gut!"

El Dios bueno, guter Gott,
so leihe mir ein Stück von der Sonne
para un día, para una hora
für einen Tag, eine Stunde!

El Dios humano, menschlicher Gott,
schenke mir nur etwas Brot
sòlo un poco de pan
und dazu die Wärme Deiner Sonne
bitte, mein Gott, Dios mio, por favor!"

*

Rendez-vous im Park

Die Bänke im Stadtpark unter den schattigen Linden- und Kastanienbäumen waren immer besetzt. Sie waren ein idealer Treffpunkt um zu plaudern und zu schauen.

Die erste Bank, gleich hinter dem Tor auf dem Hügel links, von der man den Eingang des Parks übersah, schien Heinrich und Albert die beste zu sein. Man sah nicht nur auf das prächtige Blumenrondell, das den Parkbesucher empfing, sondern auch zu den Bänken drüben am Teich mit dem Springbrunnen, und wußte, wer wo und in welcher Gesellschaft war. Dabei sah man ihnen schon beim Kommen am Gang und in den Gesichtern ihr tägliches Befinden an, ob es bergauf oder bergab ging, und wußte auch, warum sie eines Tages nicht mehr kamen.

Von dieser ihrer Bank aus übersahen sein Freund Albert und er, Heinrich, ihre Welt, dreimal die Woche und sonntags, immer nachmittags pünktlich um drei. Wie in einem stillen Abkommen schien die Bank zu diesen Zeiten für sie reserviert zu sein. Hier hatten sie sich einmal gefunden, und hier teilten sie seitdem in seltsamer Harmonie ihr einsames Schicksal.

Heinrich und Albert waren von verschiedener Art. Wenn Heinrich den Unterschied laut bemerkte und wieder einmal anderer Meinung war, pflegte Albert nur zu sagen: „Das Leben hat jeden von uns geprägt!"

Ein Unterschied bestand darin, daß Heinrich immer noch gern, in Aussehen und Manier, der Gentleman von einst war. Albert dagegen war der Nüchterne mit dem lässigen Äußeren. Zugegeben, Heinrich konnte anfangs nur schwer über Alberts legere Kleidung und seine Haltung und schonungslosen Meinungen hinwegsehen. Es war schon wahr: Heinrichs Leben war ein ganz anderes als das von Albert gewesen, und es hatte ihn geformt. Aber in noch stärkerem Maße war es durch die lebenslange Fürsorge seiner verstorbenen Frau Grete geprägt worden. „Wie du kommst gegangen, wirst du empfangen!" hatte sie stets gesagt. Und es war auch einer ihrer letzten Wünsche gewesen, daß Heinrich immer gut für sich sorgen möge, was er auch tat, so gut es eben ging.

Albert schien sein Aussehen, wie alles Äußerliche, weniger zu interessieren. Für ihn war das nur Schein, von dem er sich nicht blenden lassen wollte. Eindruck machen lag ihm nicht auf diese Art. Ein jeder Schuft könne sich einen feinen Mantel überziehen und mit einer betont gepflegten Erscheinung den besten Eindruck machen, fand er schlichtweg. „Wieviele Menschen, die danach urteilen, fallen darauf herein, Heinrich!" hatte er gesagt. „Du mußt einen Blick für das Wahre haben, dann urteilst du richtig! Und so ist es auch mit den feinen Worten: sie müssen stimmen! Sprüche machen kann ein Jeder. Ein Mensch in Anzug und Krawatte ist auch darin nicht ehrenwerter. Das sind nicht die Dinge von Wert!"

Heinrich verstand ja, was Albert meinte, und es gefiel ihm auch. Seine Worte hatten immer einen tieferen Sinn, über den es sich nachzudenken lohnte.

Darüber fielen ihm so manche Parallele aus seinem Leben ein, und er wunderte sich, daß er sie erst heute mit anderen Augen sah.

„Und was unser persönliches Äußere angeht", hatte auch Albert gesagt; „unsere Glanzzeit ist vorbei, Heinrich. Umso mehr zählen in unserem Alter nur noch die anderen Werte!"

Heinrich liebte ihre Zusammenkünfte, und er freute sich von Mal zu Mal darauf; denn sie hatten mit der Zeit einen gewissen Stellenwert bekommen. Sie waren zu Höhepunkten in ihrem eintönig gewordenen Alltag geworden. Auch darin hatte Albert recht, als er einmal gefragt hatte: „Was ist uns denn noch an Vergnügen geblieben, außer diesen Tagen?"

Oder auch: „Wir können keine großen Sprünge mehr machen, deshalb müssen wir uns mit den kleinen Unternehmungen, die uns Freude machen, begnügen!"

Einmal, als er, Heinrich, sich interessiert nach einer besonders hübschen jungen Frau umgesehen und sich begeistert geäußert hatte, hatte Albert still gelächelt und ganz ruhig gemeint: „Heinrich, du kannst nicht mehr nach den Sternen greifen!" Wie wahr!

Albert hatte immer recht. Kein gewolltes Recht. Es war einfach so, wie er sagte. Heinrich schätzte ihn als einen klugen und ordentlichen, aufrichtigen und beständigen Menschen, den das Schicksal ihm noch im Alter als einen Freund zugeführt hatte.

Über Albert entdeckte er auch mehr und mehr seine eigenen inneren Werte, und überlegte, wie es sie zu verbessern galt. Er hatte es fertiggebracht, ihn im Alter noch auf eine ganz andere Spur des Denkens zu führen. Und Heinrich mußte zugeben, daß ihn diese tiefere Denkweise ruhig und zufrieden machte.

Obwohl Heinrich, nicht zuletzt auch ein wenig Alberts wegen, schon etwas nachlässiger und legerer in seinem Outfit geworden war, liebte er es manchmal noch, zumindest am Sonntag, seine besten Sachen aus dem Schrank zu holen. Was gab es auch sonst noch an Gelegenheiten dazu, seit Grete nicht mehr da war und sie sich gepflegte Dinge zusammen gegönnt hatten.

Einmal überkam es ihn jedoch noch innerhalb der Woche, mit Stockschirm, Charme und Melone aus dem Haus zu gehen. Es war ein so schöner heller Herbsttag, an dem die alten Herzen noch einmal höher schlagen, bevor der graue Winter kommt. Und Heinrich fühlte sich gut. Sogar Grete hatte ihm vom Sekretär aus ihrem vergoldeten Rahmen zubilligend nachgelächelt, als er sich mit gezogenem Hut von ihr verabschiedete.

Unterwegs zum Park begegnete ihm eine der Frauen von der Nachbarbank, eine von denen mit dem unverschämten, interessierten Blick. Sie sprach ihn an und ging mit ihm.

Heinrichs höfliche Art ließ es zu, und forderte es auf ungewollte Weise heraus, daß sie sich, unter den neugierigen Blicken der anderen Frauen, zu ihm setzte, auf ihre Bank, auf Alberts Platz, der ihr nicht zustand!

Überraschenderweise kam auch Albert. Was hatte ihn bewogen, an einem der Tage zwischendurch herzukommen?

Sein Gesicht hatte einen nach innen gerichteten Ausdruck. Er übersah die Frau auf seinem Platz und setzte sich nicht. Und da Albert kein plumper Mann war, sprach er nur ein paar belanglose Worte und verabschiedete sich gleich wieder, um mit stolzer Haltung schnellen Schrittes davonzugehen. Ganz Albert!

Heinrich aber fühlte sich nicht wohl. Er hörte dem Gerede der Frau nicht mehr zu und dachte: morgen werde ich es ihm erklären. Ein plötzlicher Ärger kam in ihm auf, so daß er sich kurz entschlossen verabschiedete von der brüskiert dasitzenden Frau, und den Park verließ. Mit dem Hut in der Hand nahm er den kürzesten Weg nach Hause. Lust und Freude an diesem schönen Tag waren vergangen. Irgendein Schatten war auf seine Seele gefallen und verdunkelte die helle Sonne.

Zu Hause entledigte er sich seiner feinen Kleidung. Sorgfältig wie immer, und heute mit einer gewissen Bitterkeit im Herzen, säuberte er den Anzug, lüftete ihn und hing ihn schließlich weg. Ebenso den Hut. Im Vorbeigehen sah er Grete in ihrem goldenen Rahmen lächeln. Er packte sie und trug sie in die Vitrine zu den wertvollen Antiquitäten. Fortan wollte er ihren anteilsamen, und manchmal kontrollierenden Blick, mit etwas mehr Abstand sehen. Die goldenen Zeiten waren vorbei!

Von nun an saß Heinrich allein auf der Bank im Park. Es gab kein Treffen mehr mit Albert, kein „Grüß Dich!", kein „Hallo, Sportsfreund!", kein „Wie war's, wie geht's?" Kein persönliches, warmes Wort, keine Anteilnahme mehr, und beim Auseinandergehen kein hoffnungsvolles frohes „Bis dann! Mach's gut!"

Für Heinrich lag es nahe, daß Alberts Fernbleiben die Folge jener unglücklichen Begegnung war; daß dieser annehmen müsse, er, Heinrich, führe ein Doppelleben und sei nicht aufrichtig. Vielleicht fühlte er sich genarrt? Er kannte doch Alberts Stolz und auch seine Konsequenz. Vielleicht hielt er auch Heinrich für einen Narren?

Wie es auch sein mochte, es schmerzte!

Heinrich wartete weiterhin wie gewohnt an ihrem Platz, dreimal die Woche und sonntags. Er nahm dabei auch die wenig feinfühlenden, belächelnden Blicke der Frauen von der Nachbarbank in Kauf. Sogar die Regentage ließ er nicht aus, wie sie es früher getan hatten, in der Hoffnung, Albert könnte ja doch eines Tages ...

Heinrich ging noch weiter, und kaufte sich eine Cordhose, in der gleichen Farbe wie die von Albert, um auch nach außen hin seine veränderte Gesinnung kundzutun. Seine feinen *Jacketts blieben zu Hause im Schrank, sogar die Schuhe, die er gegen ein Paar rustikalere* tauschte. Eine einfache, aber moderne warme Jacke tat es auch. Es war ihm immer gleichgültiger geworden, einen besonderen Eindruck machen zu wollen, auch den Frauen gegenüber.

Auch Heinrichs fast angeborene Höflichkeit hatte nachgelassen. Jene Dame von der Nachbarbank strafte er mit besonderer Ignoranz. Was hatte sie sich doch immer eingebildet! Womöglich sogar, daß er sie in sein Leben aufnehmen würde? Im Grunde genommen hatte er schon zu Alberts Zeiten begriffen, daß sich die Träume des Alters nicht unbedingt mehr in einer neuen Partnerschaft erfüllten, auch nicht, wenn man in Nadelstreifenanzügen spazieren ging und das Leben gern, wenn auch nicht in gewohnter, aber ähnlicher Form, weiterleben wollte. Nein, was sie heute auf der Bank nebenan dachten, interessierte ihn nicht mehr, mochten sie sich auch noch so um Aufmerksamkeit bemühen. Wie recht hatte doch Albert gehabt, den äußeren Schein zu verurteilen, auch wenn er ihn damit anfangs *manchmal ein wenig gekränkt, und ihm fast die Freude an sich selbst genommen hatte.* Es war auch wahr, wie Albert gemeint hatte, daß mit etwas Neuem auch alles andere wieder von vorn beginne: des Lebens Freud und des Lebens Leid.

Manchmal hatte er ihn, Heinrich, ganz drastisch auf den Boden der Tatsachen zurückgeholt, wenn er über die attraktive Bedienung im „Schwarzen Rößl" ins Schwärmen geraten war. Sie war so jung und schön, und das Essen schmeckte besonders gut, wenn sie es mit ihrem gewinnenden Lächeln servierte. Albert hatte schmunzelnd dazu gesagt: „Ein alter Esel sollte keine schwere Last mehr den Berg hinauftragen, wenn er schon genug an seiner eigenen zu tragen hat!" Typisch Albert! Heute fragte sich Heinrich, wie sehr er ihn nun vielleicht dafür halten würde?

Im stillen beneidete er die Frauen von nebenan, denn sie hatten einander. Ebenso wie die zwei alten Herren, die täglich vis a vis am Weg zum Teich saßen, von ihren Hunden an der *Leine hingezogen, und von Jahr zu Jahr stiller und müder geworden, wie die Hunde zu ihren* Füßen. Zusammen waren sie alle älter geworden, älter bis alt, und immer beneidenswert zusammengehöriger. So wie einst Albert und er. Auch aus ihrer vorherigen Einsamkeit war Zweisamkeit geworden, verbunden mit jenem unsichtbaren Band, das Freundschaft hieß.

Wehmütig beobachtete Heinrich auch die Schachspieler im Park und deren Vertrautheit untereinander. Auch sie waren gleich alt. Wie sehr waren sie um gegenseitiges Wohlergehen bemüht, indem einer den anderen ermahnte, auf den schon kranken Rücken zu achten, wenn sie ihre schlauen Züge rückten, und sich damit trotz allem Stärke und Überlegenheit vormachten.

Es gab keine großen Schachzüge mehr in ihrem Leben, mit denen sie punkten konnten, außer diesen hier auf geplattetem Parkboden. Und so waren sie jeden Einsatz wert.

Schwer wog die Einsamkeit in Heinrich, schwerer noch, so schien ihm, als damals Grete gegangen war und ihn allein zurückgelassen hatte. Zum Glück war er noch einige Jahre jünger und gesünder gewesen, so daß ihm noch genug Kraft und Lebenslust geblieben war.

Heinrich machte sich auf den Weg in Alberts Straße. Sie hatten sich nie besucht. Nicht einmal die Hausnummern wußten sie voneinander. Es reichte auch zu wissen, aus welchem Viertel jeder kam. Die Bank Nummer eins im Park hatte genügt, um beisammen zu sein. Sie hatten eine feste Abmachung, an die sich jeder hielt; mehr mußte nicht sein. Man hatte sich nicht eingeengt durch irgendein Zuviel.
Heinrich versuchte es auch übers Telefon, aber niemand meldete sich. War Albert verreist? Hatte er einen so endgültigen Schlußstrich unter ihre Freundschaft gezogen, als vermeintlich drittes Rad am Wagen? Es hätte schon zu seinen Prinzipien und seinem Stolz gepaßt. So war er nun mal. Aber soviel Intoleranz hätte er nicht besessen.

Heinrichs Mutmaßungen gingen mit der Zeit in Enttäuschung über. Aber ihrer Bank blieb er treu. Wohin hätte er auch sonst gehen sollen? Die Stammplätze waren unter Freunden besetzt. Und eine neue Freundschaft zu finden, war kaum möglich. Im Alter öffnete niemand mehr so leicht sein Herz für den anderen.

Nach einiger Zeit aber klebte ein Zettel an der Bank. Er war von Albert. Doch als Heinrich ihn gelesen hatte, wußte er, daß nicht Albert ihn dorthin geklebt hatte. Ein Unbekannter hatte die Antwort auf das Schweigen gebracht, zusammen mit einem letzten freundschaftlichen Gruß.

So war also auch Albert gegangen: still, treu und stolz, und so unauffällig und schnell, wie es seine Art gewesen war. Die Bank, einst freudiger Anlaufpunkt und zuletzt nur mehr Hoffnungsträger, wurde zur einsamen Trauerstätte.

Kalt blies der Wind das Laub von den Bäumen. Es bedeckte Alberts Platz. Heinrich fror daneben.
Kalt wehte er ihm auch die Lebensunlust ins Gesicht, die zur Trauer in sein Herz zog, wie der Regen in altes Holz. Und alles zusammen wog schwer.
Heinrichs Gedanken wirbelten im rauhen Herbstwind, wie die Blätter, und flogen dahin, wie die Jahre mit Albert – und das Leben.

~

73

Herbst

Im Park
auf den Bänken
saßen die Alten
im letzten Herbst
in der Zeit
zwischen
zwei Uhr und fünf

Unberührt
vom hektischen
Tagesgeplänkel
träumten sie
redeten von damals
und ein paar von ihnen
strickten noch Strümpf'

Manche saßen nur da
allein
in Gedanken
und blinzelten stumm
in die Sonne
hatten Zeit und blieben
bis die ersten Schatten
von den Giebeln glitten

Am Abend
gingen die letzten heim
langsam und gelassen
so wie der Tag war
und hatten begriffen,
daß ihre besten Jahre
und der Sonnenblumen Zeit
war überschritten.

*

Das Geschenk unterm Lindenbaum

Sie saß gern auf der Bank unter dem alten Lindenbaum, besonders in der Zeit, wenn sein süßer Blütenduft in der Luft lag. Hier in der Stille am Rande des Parks konnte sie ausruhen, den Vögeln lauschen und dem Wind, der oben in der mächtigen Krone rauschte. Nur vom benachbarten Spielplatz eines Kinderheims klangen Stimmen herüber. Sie liebte es, den vergnügten Spielen der Kinder zuzuschauen und ihren Reimen zu lauschen.

Die Frühlingssonne schien warm. Sie drang ein bis ans Herz, zog wie ein heilsamer Strom durch den Körper und die Seele der alternden Frau und machte sie schläfrig. Die Vogelstimmen über ihr, die sie eben noch ihrer Art nach zuzuordnen versucht hatte, verloren sich in einem einzigen, choralen Gesang, der mehr und mehr in die Ferne zog, während sich ihr Kopf neigte in einen kurzen, wohligen Schlaf.

Nichts störte sie, weder der Wind, der mit einer ihrer gelockten Haarsträhnen spielte, noch der Falter, der sich auf ihre Schulter gesetzt hatte, um mit ihr zu ruhen. Ihre Hände lagen gefaltet im Schoß; sie hielten die Tasche. Aber auch sie entspannten sich bald und gaben das ihnen Anvertraute aus der Umklammerung frei. Leise rutschte die Tasche zu Boden.
Ein kleines Mädchen mußte es vom gegenüber liegenden Spielplatz aus gesehen haben. Nachdem die Frau sich nicht bückte, sie aufzuheben, lief es durch einen kleinen Durchgang hin und tat es. Dann stand es da, mit der Damentasche in der Hand und überlegte, wo es sie ablegen sollte. Um die Frau nicht aufzuwecken, wartete es auf ihr Erwachen. Es dauerte; daher faßte es nach einer Weile zaghaft nach ihren Händen. Die Frau erschrak über die Berührung und war verblüfft, als das Kind ihr wortlos die Tasche in die Hand legte.
„Oh, ist sie heruntergefallen?" fragte sie verwundert und lächelte. „Ich bin etwas eingeschlafen und habe es garnicht bemerkt."
Die Kleine nickte. Sie sagte nichts, blieb aber noch, teils verlegen und unschlüssig und wohl auch neugierig, mit zusammengefaßten Händen am Rücken vor ihr stehen.

Ein Sonnenstrahl fiel durch das Blätterdach, direkt auf ihr blondes Haar, und ließ es golden glänzen. Es ist zart wie ihre Seele, dachte die Frau; und für einen Moment fühlte sie den *Drang, einmal nur zärtlich über dieses Mädchenhaar zu streichen, über den Kopf dieses* Kindes, hinter dessen Fassade sich wer weiß was für ein Schicksal verarbeitete.

Lag auch der Sonnenschein auf seinem Haar; aus seinen Augen strahlte er nicht wider.
Die Frau sah es und wußte, daß es die Vergangenheit war, die in der Tiefe dieses Blickes lag, und wog, und den Zugang für die Sonne des Lebens versperrte. Sie war es auch, die die Stille hineinlegte in das kleine Gesicht, und die ernsten Züge einer zwingenden Vernunft darin gezeichnet hatte.

Schon die wenigen Augenblicke, in denen sie sich anschauten, machten es offenbar. Doch sie genügten auch, daß sich ihre Seelen mit zarten Flügeln berührten, und sie einen Moment lang glücklich sein ließen.

Dann sprach die Kleine:
„Was machst du hier? Wartest du auf jemand?"
„Nein", sagte die Frau. „Ich sitze nur manchmal hier und ruhe mich aus. Hier ist es so still, und der Lindenbaum duftet so süß. Das mag ich gern!"
Das Kind nickte ernst und verständnisvoll. „Du bist ja auch schon älter; da braucht man mehr Ruhe!" meinte es vernünftig, und seine Blicke musterten die Frau. „Und wann mußt du nach Hause?" wollte es wissen.
„Erst gegen Abend, bevor es dunkel wird", antwortete die Frau gelassen; „heute habe ich Zeit!"

Der Bann schien gebrochen, und die Kleine wollte mehr wissen. „Was machst du dann zu Hause; hast du viel Arbeit?" Sie hörte interessiert zu, als die Frau einiges über ihre häuslichen Tätigkeiten erzählte. Und auf die Gegenfrage, was denn sie so alles zu tun habe, schilderte die Kleine den Ablauf in ihrer Gemeinschaft und die ihr auferlegten kleinen Pflichten, die sie sehr ernst nahm. Dabei war herauszuhören, was sie gern tat und was nicht. „...,aber es muß sein!" beendete sie, vernünftig wie sie war, abschließend ihre Aufzählung.

„Sabrina, Sabrina!" meldete sich aufgeregt vor der Durchgangstüre die erzieherische Stimme einer Aufsichtsperson und schimpfte in Sorge, daß sie das Kind aus den Augen verloren hatte. „Kommst du!"
„Ja!" rief die Kleine, und war schon auf dem Sprung, davonzulaufen, als sie noch einmal innehielt und zu der Frau hin fragte: „Wie heißt du?"
„Ich heiße Johanna; aber man nennt mich Hanna", antwortete ihr die Frau.
„Und bist du eine Oma? Eine richtige, so wie Kinder sie haben?"

Es war eine mehr ernste, als neugierige Frage, die sie da gestellt hatte, und die Frau spürte plötzlich die Gewichtigkeit, die darin lag. Sie war mit Nachdruck gestellt, um auch jede Halbherzigkeit dabei auszuschließen und das kleine Fünkchen aufkommender Hoffnung nicht gleich zu ersticken. Und so begriff sie auch sofort, daß es einer ehrlichen Antwort bedurfte, um dem Kind weitere Zweifel am Vertrauen in die Menschheit zu ersparen, und wußte, daß es Konsequenzen mit sich bringen würde. Und sie verstand auch, daß Kinder in Herzensangelegenheiten keinen Aufschub gewährten, zu überlegen, ob sie gemocht würden oder nicht. Sie wollten es gleich wissen; denn sie selbst empfanden im Augenblick.

Und da das Schicksal sie ebenso in wenigen Augenblicken überrumpelt hatte, folgte sie seinem Wink.

76

„Ja, Sabrina", sagte sie mit entschlossener Stimme. „Wenn du mich als Oma haben willst?" Die Kleine nickte nur, mit all ihrem Ernst im Gesicht, und sich dessen voll bewußt, daß sie soeben gerade einen Pakt geschlossen hatte.

Im Davonfliegen hörte die Frau ein fröhliches Singen „Oma Hanna, Oma Hanna!" und sah noch das Lachen im Gesicht des Kindes und die Freude, die sie beschwingt machte, und die sie hüpfen und umherwirbeln ließ auf der Wiese hinter dem Tor.

Da flog es vondannen, das Kind, wie ein Vogel auf seinem ersten Höhenflug. Und Hanna saß da, und begriff nichts mehr für einen Moment. Der Wind rauschte im Lindenbaum, die Vögel sangen ihre Lieder und die Falter flatterten vorbei, als wäre alles noch beim alten; als habe sie einen seltsam schönen Traum geträumt, aus dem es zu erwachen galt.

Was war geschehen? Es brauchte eine Weile, bis sie alles so recht verstanden hatte. Es waren ihre Seelen gewesen, die sich verbunden hatten, um einander zu verschenken: schnell, formlos, vertrauensvoll, und ohne jedes Wenn und Aber, noch bevor der Kopf entschieden hatte.

Doch schon auf dem Heimweg vermauerte sich der Entschluß in ihr, diese Patenschaft zu übernehmen, als die letzte, große Aufgabe ihres Lebens. Und vielleicht als die schönste! Ein neues Kapitel tat sich auf in ihrem still gewordenen Leben. Die Gedanken formierten sich willig zu festen Schritten, und Freude zog durch ihr Herz wie ein stürmischer Frühlingswind. Es ließ sie nicht hüpfen und singen wie das Kind, sondern erzittern wie die Blätter des alten Lindenbaums, und füllte die Seele mit einem Duft, süß wie seine Blüten.

~

77

Ich will da sein

und dich begleiten
auf deinem Weg
will dich halten
wenn du mich brauchst
will teilen das was ich hab'
wie deine Freuden und Sorgen
will schenken dir Geborgenheit!

Ich will da sein
wenn du nach mir rufst
will dir Wärme geben
und Hoffnung auf morgen
genug Ruhe und Zuversicht
den Glauben an dich
und mein Herz für alle Zeit!

*

Anna denkt:

Heute gehe ich am Haus von Frau Ehrlich vorbei. Da gehe ich am liebsten; denn Frau Ehrlich ist nett. Manchmal arbeitet sie im Garten oder schneidet Blumen. Dann spricht sie mit mir, und das ist schön. Sie hat mir auch schon Möhren geschenkt, eine Tomate und Radieschen für die Schulpause. Und einmal auf dem Heimweg einen ganzen Salat für die Mama. Dafür habe ich ihr dann ein Bild gemalt, wo sie auf ihrer Bank im Garten sitzt, und neben ihr ein Vogel. Es gibt nämlich viele Vögel in ihrem Garten, weil sie ihnen im Sommer Wasser hinstellt zum Trinken und zum Baden, und im Winter Futter in die kleinen Vogelhäuschen streut, damit sie nicht hungern müssen.

Frau Ehrlich sagt Anna-Lena zu mir, dabei heiße ich Anna, einfach Anna. Anna-Lena heißt das Mädchen aus der Klasse 2a, in der Mitte vom Flur. Unsere Klasse 2b ist am Ende des Flurs. Deshalb müssen wir auch immer zuerst hineingehen. Der Gang ist für zwei Schulklassen zu eng, sagt Frau Mayer-Hertl. Daher muß ich auch früher da sein.
Einmal bin ich zu spät gekommen, weil Mama verschlafen hat, oh weh! Ich mußte dann mit der 2a hineingehen. Im Flur haben sie mich dann in ihr Klassenzimmer hineingeschubst. Das war vielleicht peinlich. Immer wollen sie Streit haben; ich weiß garnicht warum.
Aber jetzt habe ich einen Wecker, damit ich nie mehr zu spät komme.

Wenn ich nach Hause komme, muß ich zu Frau Schmid, meine Hausaufgaben machen. Sie wohnt unter uns. Ich kann bei ihr bleiben, bis Mama von der Arbeit kommt. Sie kommt jetzt immer später nach Hause, das finde ich garnicht schön. Seit Papa weg ist, arbeitet sie wieder und sagt, daß ich nun groß und selbständig genug bin. Groß bin ich noch nicht; das andere schon. Ein bißchen kochen kann ich auch, und die Microwelle anschalten, schon lang!

Heute haben wir viele Rechenaufgaben auf. Dabei mag ich Rechnen überhaupt nicht gern. Schreiben, Lesen, Malen und Sport habe ich viel lieber. Bei Frau Schmid geniere ich mich immer, wenn ich was nicht kann. Aber sie ist sehr nett und erklärt es mir dann. Das kann sie; denn sie war einmal Lehrerin gewesen.
Ich darf auch mit dem Ball auf der Wiese in ihrem Garten spielen. Und manchmal schenkt sie mir ein Eis, oder ein Malbuch mit Stiften. Dann lege ich mich draußen auf eine Decke und male, auch ein Bild für Frau Schmid.

Schade, daß Katharina heute nicht zu mir kommen kann. Katharina ist meine beste Freundin, weil sie neben mir sitzt. Die Kirsten mag ich auch, und die Natascha und die Jessica, aber nicht so wie Katharina. Wenn ich nach der Schule mit zu ihr gehen darf, holt uns ihr Opa ab, obwohl es garnicht weit ist bis zu ihr nach Hause. Lange nicht so weit wie zu mir; und mich holt nie einer ab. Früher hat mich Mama abgeholt, und manchmal auch der Papa. Aber das geht jetzt nicht mehr. Schade!

Katharinas Opa ist ganz lustig und macht viel Spaß mit uns. Er kann alle Tierstimmen nachmachen und pfeifen wie die Vögel. Und er kann Spuren lesen, und zaubern. Nach den *Hausaufgaben spielt er „Mensch ärgere dich nicht"* mit uns, und die Oma spielt auch manchmal mit.

Ich möchte auch gern einen Opa haben. Und eine Oma. Mama sagt, daß ich ja Frau Schmid habe. Aber das ist etwas anderes. Richtige Omas sind auch viel älter und dicker, so wie die von Katharina, und auch anders. Bei ihnen darf man beim Kartoffelschälen und Gemüseschneiden auf dem Schoß sitzen. Und sie können richtige Pullover stricken und Geschichten erzählen. Omas kochen auch jeden Mittag. Dann riecht es so gut, wenn man nach Hause kommt, und ganz viel Hunger hat.

Katharinas Oma hat auch eine Katze; die heißt Laura. Aber streicheln kann man sie nicht mehr, weil sie schon zu alt ist. Sie will im Alter ihre Ruhe haben, sagt die Oma.

Ich hatte mal einen Hasen: die Nina. Aber sie ist schon gestorben. Das war traurig. Mit Nina habe ich immer geredet, wenn ich von der Schule nach Hause kam. Ihr konnte ich gleich alles erzählen, und sie hat gut zugehört. Aber nun ist sie nicht mehr da.

Eigentlich könnte ich mir zum Geburtstag einen neuen Hasen wünschen, anstatt ein Fahrrad. Zur Schule fahren darf ich ja doch noch nicht damit, sagt Mama. Sie meint, es sei zu gefährlich wegen der vielen Autos. Wenn ich einen neuen Hasen hätte, würde ich über den Wiesenpfad nach Hause gehen, weil es da viel Löwenzahn gibt. Den mochte die Nina besonders gern.

Wenn ich aber keinen Hasen zum Geburtstag bekommen kann, wünsche ich mir einen von der Sternschnuppe. Papa hat mir einmal eine gezeigt in der Nacht, als ich Fieber hatte und nicht schlafen konnte. Er hat gesagt, daß, wenn man sich blitzschnell etwas wünscht, es in Erfüllung gehen kann. Und das stimmte! Papa hatte sich nämlich gewünscht, daß ich ganz schnell wieder gesund werden möchte. Und das wurde ich auch!

Ich werde mir auch Papa zurückwünschen, ja, das werde ich!

Papa hat auch gesagt, man könne sich Frieden wünschen, dann gäbe es weniger Streit. Oh ja, das wäre auch schön! Aber nur Frieden? Ach, ich weiß nicht!

Gestern haben wir in der Schule gemalt. Mein Bild war sogar besser als das von Katharina, hat Frau Mayer-Hertl gesagt, weil meine Bäume so frisch aussähen. Ich habe ja auch viel Wasser rundherum gemalt, damit sie trinken können und schön grün werden. Ein Baum in unserem Hof ist schon krank, weil er zu wenig Wasser bekommen hat. Frau Mayer-Hertl sagt: „Solange die Natur genug Wasser hat, ist alles grün und gesund!"

Die Shari aus unserer Klasse hat ganz schwarze Bäume gemalt, verbrannte, und Blumen nur mit Stielen, ohne Köpfe. Frau Mayer-Hertl fand das Bild sehr gut, aber ich nicht. „Mit dem Wasser hat das nichts zu tun", hat sie uns erklärt, sondern mit dem Feuer im Krieg. Da, wo nämlich die Shari herkommt, war Krieg.

Ob ich noch ein paar Blumen pflücken soll für Frau Schmid? Sie freut sich bestimmt darüber. Ich glaube, sie mag Gelb und Weiß am liebsten. Wenn ich solche male, findet sie die Farben *immer so frisch.*

Krieg...? Ach, ich mag keinen Krieg! Und keine schwarzen Bäume, und keine Blumen ohne Köpfe! „Wir haben es gut!" hat Frau Mayer-Hertl gesagt, „in einem Land zu leben, in dem kein Krieg ist!"

Das stimmt! Bei uns gibt es schöne grüne Bäume, und viele Blumenwiesen, auf denen alle Köpfe haben.

„Aber es gibt auch kleine Kriege, jeden Tag, überall in der Welt", hat sie gesagt. „Die großen finden zwischen den Ländern statt, und die kleinen zwischen den Menschen, wenn sie streiten!" Hm...ja...auf unserem Schulhof ist jeden Tag Krieg, weil soviel gestritten wird. Deshalb wachsen da auch keine Blumen!

Aber bei Frau Ehrlich im Garten wachsen viele. Und alle haben schöne Blütenköpfe. Frau Ehrlich streitet ja auch nicht!

Vielleicht hat auch sie sich einmal Frieden von der Sternschnuppe gewünscht, so wie mein Papa?

Gut, dann wünsche ich mir Papa zurück, und einen Hasen in einem Blumengarten! Ach, nein, der würde ja die schönen Blumen fressen. Außerdem würde Mama jetzt sagen: man kann nicht alles haben!

Also dann nur ein Teil: Papa mit einem Hasen auf dem Arm. Das genügt! Und dann ist Frieden!

~

Kinderträume

werden wahr
manchmal
vielleicht
weil sie so
fest
an das Unmögliche
glauben
auf das Gute
hoffen
und das Einfache
lieben.

*

Die Blumenprinzessin   **Aquarell-Gouache** auf Seide

Der Ruf der Kröte

Der Teich lag unterhalb des Hauses, nicht weit entfernt. Er war über eine kurze Wegstrecke durch einen Wiesenpfad zu erreichen. So war er einst im Sommer ein beliebtes Ausflugsziel für Ann-Kathrin und die Kinder.

Doch lange waren sie nicht mehr hier. Es war Herbst, und der Pfad war schon stellenweise überwachsen, als Ann-Kathrin ihn allein hinunterging, von Erinnerungen an die gemeinsamen Ausflüge begleitet. Dabei schien es ihr, als wären sie ihn noch vor kurzem gegangen, und als höre sie noch die Stimmen der Kinder in der Luft. Ihre Schritte aber waren schwer; denn das Unwiederbringliche des Gehabten legte sich wie ein Stein auf ihr Herz.

Der Platz am Teich, der für sie alle einmal ein Festplatz der Freude gewesen war, lag verlassen. Nicht einmal die Kröte, die seit eh und je unter den Wurzelstöcken im Wasser wohnte, schien noch da zu sein. Sie war immer richtig neugierig gewesen und hatte gern auf einem großen Blatt gesessen, um ihr Geschehen zu beobachten. Ihre Augen waren hin- und her gerollt, damit ihr nichts entgehe. Die Kinder hatten sie gemocht. Sophia hatte sie die verwunschene Königin des Teichs genannt, wogegen Christopher sie mit „Hallo Froschkönig!" rief. Von Sophia hatte sie sich sogar mit langen Schilfdolden streicheln lassen. Auf jeden Fall war sie die Herrscherin, oder der Herrscher des Teichs, was bei den Kindern ein wenig Respekt hervorrief und Grund dafür war, daß Christopher ihr Revier umging, wenn er sein Unwesen im Wasser trieb. Schon zur Zeit der frühen Dämmerung mahnte sie mit ihren Rufen, daß es Zeit sei, nach Hause zu gehen. Die Kröte bestimmte es; so sahen es die Kinder.

Das Wasser des Teichs war nicht sehr tief, zumindest nicht in Ufernähe. Dort reichte es gerade eben den kleinen Fischen und Kröten zum ganzjährigen Überleben. Dennoch war es Ann-Kathrin damals eine Beruhigung gewesen, als die Kinder schwimmen konnten. Sie hatten es natürlich dort gelernt.
Christopher hatte überhaupt alle Mutproben da bestanden. Mutig und übermütig hatte er sich jeden Tag etwas anderes einfallen lassen, das Ann-Kathrin manchen Schrecken eingejagt hatte. Von der Astgabel der knorrigen Weide am Uferrand aus hatte er seine gewagten Sprünge „ins Reich der Kröte" gemacht. Wie ein wildes Krokodil hatte er sich dann gebärdet, aber auch ebenso still und abwartend im Wasser zwischen dem Schilf gelegen, um die ahnungslos vorbeilaufende Sophia zu erschrecken.

Sophia hatte es nicht so mit dem Wasser. Sie war auf den Uferwiesen zu einer kleinen Naturforscherin geworden. Mit den Schmetterlingen war sie hin und her geflattert, von Blüte zu Blüte. Sie kannte alle ihre Namen, auch die der Blumen, der Gräser und Sträucher ringsum.

Alles hatte sie herbei gebracht; ihre kleinen robusten Hände hatten gnadenlos zugegriffen. Gelbe Löwenzahnkränze waren geflochten und aufs Haar gesteckt worden, und dazwischen weiße Margeriten. Die kleinen dünnstieligen Gänseblümchen hatten sich geduldig zu einem kleinen Blütenarmband fügen müssen. An die langen Schilfstengel hatten sie Blumengirlanden gebunden, oben in die Dolden. Dann war sie singend mit ihnen über die Wiese getanzt, leichtfüßig wie eine Elfe.

Irgendwann hatten sie dann auch den Korb mit dem Essen ausgepackt, und jedesmal waren sie der Meinung gewesen, daß es hier hundertmal besser schmecke als zu Haus.

Hier im Ufergras hatte Ann-Kathrin auch die Strümpfe gestopft, Pullover gestrickt, Puppenkleider genäht und dabei Geschichten von früher erzählt. Manchmal war auch die kleine Theresia dabei gewesen. Im warmen Schoß von Ann-Kathrin hatte sie die Geschwister beobachtet, gelacht und gejuchzt, oder zufrieden vor sich hin geträumt.

Auf dem Heimweg war es ihnen allen dann vorgekommen, als kämen sie von einem Abenteuer nach Hause, von weit her aus Gottes schöner Welt.

Doch die Welt war noch viel größer als sie damals dachten. Und eines Tages waren sie wirklich in die Ferne gezogen.

Heute kam wieder ein Brief. Er enthielt eine glattgepreßte Blüte von Sophia, besonders schön. Sie hatte sie auf ein Papier geklebt und Schilf ringsum gemalt, und darüber einen buntgemalten Schmetterling fliegen lassen. Er fliege jetzt über das Meer in ein fernes Land. „Es ist das Land, wo du wohnst, Omi!" schrieb sie in ihrem Brief. Und Christopher fragte nach der Kröte im Teich. Er habe von ihr geträumt und sie rufen hören, ganz deutlich in der Nacht. Auch Sophia habe sie schon einmal gehört, und gesagt, daß Kröten sehr weit wandern könnten. Wäre da nicht das Meer!

Müde lehnte sich Ann-Kathrin an den Stamm der Weide. In ihrer Astgabel klemmte noch Christophers Brett, der Thron, von dem aus er einst sein Krötenreich regierte. Auch sein selbstgezimmertes Floß lag noch verlassen zwischen den Seerosenblättern. Zwei blauschimmernde Libellen tanzten darüber. Der lange Stab, mit dem er Tiefe und Standfestigkeit getestet hatte, steckte noch daneben. Sie sah ihn noch damit im tieferen Wasser stehen, die blonden Locken und sein strahlendes Lachen im Gesicht: „Omi, schau her, ich bin Christopherus. Mir kann nichts passieren!"

Es war still geworden, draußen in der Natur, und auch in Ann-Kathrin. Nicht einmal der Teichrohrsänger sang noch im Schilf; keine Biene summte, kein Falter flatterte mehr im letzten Sonnenschein. Verlassen lagen die großen Seerosenblätter im Wasser, mit nur mehr einer einzigen Blüte. Und von der Kröte, die sich so gern darauf ausgeruht hatte, keine Spur!

85

Ich werde ihnen schreiben, dachte sie, daß auch die Kröte ausgewandert ist, genau wie sie, um noch mehr an Schönem und Interessantem in der Welt zu entdecken, als die *Geheimnisse eines kleinen versteckten Teichs. Es wird vielleicht ihre Sehnsucht danach ein* wenig lindern.

Im stillen aber hoffte sie, daß ihnen über die Vielfalt der neuen Welt die Erinnerung an jene kleine erhalten bleiben möge, als ein leuchtend buntes Mosaiksteinchen im Bauwerk ihres künftigen Lebens.

~

Blau wie Kornblumen

sollen sie blühen
die vielen kleinen Dinge
die ich schon früh
ausgesät habe
auf eurem kleinen Acker!

Rot wie der Mohn
mag die Erinnerung
darin flammen
aus den Blüten
der geschenkten Liebe!

*

87

Der Tag der Rosa B.

Es war schon lange her, seit sich Rosa eine besondere Freude gegönnt hatte. Über das Alltägliche, und über die Sorge um die anderen hatte sie es verlernt, einmal nur an sich zu denken. Die Feste und Feiertage, selbst die eigenen Geburtstage, waren stets zur Erholung der anderen da.

Doch Rosa vermißte nichts; denn sie dachte nicht mehr nach über die Dinge, die nicht in ihren Alltag paßten. Sie ging tagein, tagaus den Weg ihrer Pflichten, der mit Entbehrungen und Mühen gepflastert war, und gewann aus dem Erfolg ihrer Arbeit die Freude.

Rosa verstand es, andere zufriedenzustellen, und das auch am Muttertag, dem üblichen, am zweiten Sonntag im Mai. Auch diesmal hatte sie alle Vorbereitungen dafür getroffen: ein gutes, reichhaltiges Mahl war gerichtet, die Kuchen waren gebacken und verziert, alles abgestimmt auf verschiedene Geschmäcker. Und da es nun einmal an der Zeit war, waren auch der Garten und das Haus frühjahrsgemäß herausgeputzt. Die ehemaligen Zimmer der Kinder hatte sie liebevoll einladend hergerichtet, falls doch das eine oder andere eine Nacht, vielleicht sogar einen Tag länger Zeit hätte, zu bleiben. Die frisch angekleideten alten Puppen, und die abgenutzten Bären der Buben, schauten aus verschiedenen Ecken der Zimmer erwartungsvoll auf die Tür. Und das alte Schaukelpferd schlief im Stand und träumte von alten Zeiten. Rosa hatte es nie wegwerfen können und ihm sozusagen das Gnadenbrot geschenkt.

Auch das Bad der Kinder war gerichtet: die Wäsche gestapelt, frisch und fein; neue Zahnbürsten warteten im Glas, und aus den Seifenschalen verströmten die Lieblingsseifen ihren Duft. Durch das ganze Haus zogen die verschiedenen Willkommensgrüße. Und von draußen schien die warme Frühlingssonne durch die klaren Fenster, und die gewaschenen Gardinen atmeten Frische aus.

Daß ihr nach getaner Arbeit am Abend zuvor dennoch die Freude an allem verging, und sogar die Vorfreude auf den kommenden Tag trübte, konnte niemand voraussehen. Nicht bei Rosa! Und umso weniger, daß es nur ein kleiner Stein des Anstoßes war, über den sie stolperte, und der das Faß ihrer Bereitwilligkeit zum Überlaufen brachte. Ausgerechnet Jacob, der so stille und bescheidene Mann, hatte es zunächst herausgefordert, indem er ihr wortlos, aber nichtsdestoweniger vorwurfsvoll, seine zerrissenen Strümpfe zugeworfen hatte. Da lagen sie vor ihr als stummen Beweis ihrer Nachlässigkeit, und stellten alle ihre in den vergangenen Tagen erbrachten Leistungen in den Schatten.

Und so kam, was kommen mußte: erst der Wortwechsel, dann der Streit. Und in der Nacht die Gedanken, die die Seele trübten, und am anderen Morgen mit ihr in den Tag erwachten. Jacob war kein Mann der vielen Worte. Doch eines nur hätte genügt, das am Vorabend unbedacht Gesagte verblassen zu lassen.

88

„Die Zeit bringt es!" pflegte er zu denken und zu sagen, und das wohl auch jetzt. „Die Zeit wird's heilen", oder „Manche Probleme lösen sich mit der Zeit allein!", und „Kommt Zeit, kommt Rat!" hatte er auch den Kindern oft gesagt nach alter Überlieferung, wie schon der Großvater gesprochen hatte. Und so konnte Rosa nichts dazu erwarten.

Der sogenannte Muttertag war voller Turbulenzen, wie immer, wenn die Kinder und Enkelkinder kamen. Im Nu füllte sich das Haus mit Leben. Die Kleinen brachten die Freude mit. Sie sprangen durch Haus und Garten, und ihr Frohsinn erwärmte alle Herzen.

Dem kleinen, gerade frisch geborenen Kälbchen im Stall, das noch ein wenig wackelig durch sein Strohbett stapfte, gaben sie als erstes einen Namen. Draußen im Garten hatte Jacob ihnen eine Schaukel in den alten Lindenbaum gehängt, und einen Kinderspaten mit einer kleinen Hacke bereitgestellt, mit denen sie sich ihre Ecke im Gartenbeet herrichten wollten, so wie es die Großeltern taten. Rosa hatte ihnen verschiedene Samen von Gemüse, Kräutern und Blumen zum Aussähen in den kleinen Tüten übriggelassen. Für Julia mußten es vor allem die süßen Zuckermöhren sein, und für Lara Radieschen und eine bunte Blumenmischung. Sie hatte ihnen eine Gießkanne dazugestellt und kleine Stöckchen dazugelegt. Die leeren Samentütchen würden sie darauf aufspießen, und wie kleine bunte Fähnchen an ihre besäten Beete in die Erde stecken, damit sie gekennzeichnet waren. Damit würden sie zu tun haben.

Ferdinand, der größere der Buben, versuchte auch seinen kleinsten Bruder Elias zufriedenzustellen, indem er das hölzerne, alte Schaukelpferd von der oberen Etage hinunter in den Garten transportierte. Der Kleine konnte eine Stunde lang darauf schaukeln, und alle hatten dann ihre Ruhe vor ihm. Ferdinand und Joachim machten sich bereit, endlich ihr Baumhaus im großen Kastanienbaum auszubauen. Es sollte ein Schlafplatz werden in der warmen Ferienzeit.

Wenn sie dann am Abend nach getaner Arbeit wieder heimfuhren, würden sie schon in gespannter Erwartung auf den nächsten Besuch in den Ferien sein.

Durch die heruntergelassenen Autoscheiben würden sie ihnen nochmal das Versprechen abverlangen, das Gießen der Beete nicht zu vergessen, damit alles gut wachse, und auch gut für das Kälbchen zu sorgen.

Die erwachsenen Kinder und ihre Partner genossen die Entlastung und die Einladung zu Speis und Trank in angenehmer Runde.

Man verlor sich erst in allgemeinen Gesprächsthemen; später unterhielt man sich über die Geschäfte, lachte über die Äußerungen und die Art von Simon, der das Leben nicht so schwer nahm, auch so nach dem Motto: vieles regele sich von selbst mit der Zeit.

Dann besprachen sie die beruflichen Sorgen von Stefan. Die Aussichten auf eine positive Entwicklung jener Branche hatten sich verschlechtert, und die Zeit schien nicht als Regler zu Hilfe zu kommen. So hatte sich eine Unzufriedenheit in ihm aufgebaut, den falschen Beruf ergriffen zu haben, und schürte die Sorgen in der Familie.

Zuletzt wurden dann noch einige Beziehungsprobleme der anderen offenbar, bis irgendwann ein Faden wieder zu sehr ins Persönliche führte, und die Unterhaltung in einer immer unkontrollierteren Diskussion endete. Und wie so oft, wenn zuviel Eigenleben dabei preisgegeben wurde und die wahren Sorgen offenlagen, endete es heute in Tränen bei der von Kinderbetreuung und zeitweisem Berufsleben erschöpften Elisa, wie vor einem Jahr bei Christina, die seitdem ohne Partner kam.

So war es nicht das erste Mal, daß Rosa in einem stillen Winkel in der Küche, oder in einem der Kinderzimmer, zur Trösterin wurde.

Es war eben Muttertag, ein Tag wie jeder andere in ihrem Leben mit den Kindern, ohne Ausnahme. Das ganze Jahr über sei Muttertag, hatten sie gemeint. Und so durfte gelacht und auch geweint werden.

Am Ende verging auch dieser Tag in scheinbarem Einvernehmen. In Dankbarkeit und Liebe verabschiedeten sich alle, und ließen wieder ein neues kleines Bündel an Freuden und Sorgen bei den Eltern zurück.

Rosa grübelte noch bis spät in die Nacht über die Probleme der Kinder und suchte für sie nach Lösungen und Auswegen.

Aber sie haderte auch mit ihnen, nein, vielmehr mit sich selbst: ihr Kopf mit ihrem Herzen, Kritik gegen Verständnis.

Wie seit Kinderzeiten, nur weniger direkt, hatten sie Unterstützung und Verständnis von den Eltern erwartet, so als wollten sie sie nie und nimmer aus der verpflichtenden Rolle der Zuständigkeit entlassen. Freuten sich Jacob und sie auch noch so sehr über ihre Besuche und die Anteilnahme, die sie ihnen an ihrem jetzigen Leben zugestanden, so fiel es ihnen beiden doch schwer, sie in Sorge oder leidend zu sehen und wenig helfen zu können. Sie waren beide älter geworden, und die Querelen des Lebens, die sie früher immer irgendwie geregelt hatten, schienen ihnen heute aus der geringeren Belastbarkeit heraus viel größer und schwerer zu wiegen. Mit der ihnen verbleibenden Kraft, und den eingeschränkten Befugnissen in der Außenseiterrolle als Eltern erwachsener Kinder und deren Familienleben, konnten sie ihnen nur mehr beistehen, wenn sie kamen, um Balsam für ihre Verletzungen zu erhalten, die ihnen andere zugefügt hatten, und heilende Worte für die Wunden, die ihnen das Leben über zu wenig Weitsicht und manchmal zuviel Sorglosigkeit bei ihren gewagten Sprüngen geschlagen hatte.

90

Jacob schlief neben ihr. Sie hörte seinen ruhigen Atem und ab und zu ein leises Stöhnen. Rosa wußte nicht, wie sehr ihn manches belastete; war er doch ein Mann mit harter Schale. Was die Kinder betraf, vertrat er den Standpunkt: „Wir haben ihnen Gesundheit, Kraft und Verstand geschenkt, und auch genug Möglichkeiten für ihre Entwicklung gegeben. Das genügt! Irgendwann muß der Mensch sein Leben selbst in die Hand nehmen und das Beste für sich daraus machen!" Damit ließe sich etwas schaffen und Stabilität für sich gewinnen, in guten wie in schweren Zeiten, so sah es Jacob.

Im Prinzip hatte er ja recht! Aber er lebte in seiner eigenen, etwas abgeschiedenen Welt, fern der vielen fremden Einflüsse, die oft hart mit eingriffen in das Leben der Kinder, und fern auch der zeitgemäßen, modernen Denk- und Lebensweise. Und daher gingen die gegenseitigen Argumente oft aneinander vorbei.

Rosa selbst baute auch auf die Liebe, die sie den Kindern zur Stabilität geschenkt hatte, und wußte, daß man auch mit einem starken Herzen viel erreichen konnte, und letztendlich mit allem Widrigen fertig wurde.

Doch über die Gedanken in dieser Nacht fielen ihr auch ihre eigenen Schwächen ein, aus denen heraus sie wahrscheinlich vieles nicht bedacht hatte. Hatte nicht schon ihre Großmutter sie einst ermahnt: „Rosa", hatte sie gesagt, „Kindern darf man nicht alles ersparen wollen. Man muß sie ihre eigenen Fehler machen lassen. Sie sind die beste Chance für sie, daraus zu lernen und zu reifen!"
Es war wohl wahr; aber Rosa hatte sich oft nicht an diesen Grundsatz gehalten, indem sie half und half, in weiser Voraussicht; und auch, weil ihr Herz manchmal siegte über ihren noch so wachen Verstand. Und alle hatten sie einen Nutzen davon gehabt; oder etwa nicht? Hatte sie ihnen mit ihrer Liebe und Mühe nicht den Weg in eine glückliche Zukunft vorbereitet? Sie hatte doch dafür gelebt!
In dieser Nacht kamen Zweifel darüber auf, und stellten plötzlich ihr ganzes bisheriges Bemühen, in ihrer Rolle als Mutter, wie auch als geliebte Ehefrau in Frage. Sie machten ihr klar, daß sie, weder mit all ihrer Arbeit, wie auch mit ihrem Verstand und ihrem Herzen, keinen Schutzwall hatte bauen können, nicht für die Kinder, und auch nicht für sich selbst, um den inneren Kern vor Verletzungen zu bewahren, und geschweige denn, ein Glück zu garantieren.

Es war schon fast Morgen, als sie in einen tiefen, wie ohnmächtigen Schlaf fiel, in dem sie sich in unruhigen Träumen wiederfand.
Darin sah sie sich zusammengebrochen unter einer Bürde. Um sie herum waren fremde und auch bekannte Gesichter, sogar aus Jugendtagen. Ihre Stimmen schallten laut durcheinander: „Rosa", riefen sie, „was hast du? Wie schaust du aus; Rosa, wo warst du so lange? Was ist aus dir geworden? Rosa, warum lachst du nicht, warum weinst du?" Auch Jacobs Stimme war darunter: „Rosa, steh auf, komm wir müssen weiter!"

91

Und aus dem Stimmengewirr hörte sie auch die vorwurfsvollen Worte ihrer Mutter: „Rosa, du bist selber schuld! Habe ich dich nicht oft genug vor deiner allzu großen Bereitwilligkeit, *immer nur helfen zu wollen, gewarnt?"* Und: „Ja, du hast Kinder geboren und großgezogen, aber du kannst nicht ihr ganzes Schicksal bestimmen. Und auch nicht ändern! Nun hast du nur mehr dein Leben, Rosa, für das du verantwortlich bist!" mahnte sie.

Doch als sie mit ihnen zu streiten begann, und ihnen Unverständnis für die Notwendigkeiten des Lebens vorhielt, sich im Bett aufrichtete in der Auseinandersetzung zwischen Einsicht und Nachsicht, weckte Jacob sie aus ihrem unglücklichen Traum.

Die Gesichter der Nacht verschwanden, doch das Echo ihrer Stimmen klang noch in den Morgen hinein. Ihre vorwurfsvollen, ermahnenden Worte arbeiteten in ihr und machten die *Gedanken unruhig. Sie entwickelten sich rasch und führten sie zu einem Entschluß.* Wie Wasser aus einer sich plötzlich auftuenden Quelle begann alles zu fließen und nahm seinen Lauf, gegen jegliches Wenn und Aber, das sich ihm in den Weg stellte.

Es bedurfte keines großen Aufwands für Rosa, sich für einen Tag herauszuputzen. Das feine Kostüm aus ihren besten Jahren paßte noch. Und die glatten, klassischen Schuhe mit den hohen Absätzen, die in die hinterste Reihe des Regals gerutscht waren, hoben auch ihr geschwächtes Selbstbewußtsein mit an. Das Haar, noch voll und dunkel genug, fügte sich bereitwillig zu einem vornehmen Knoten im Nacken und verlieh ihr, zusammen mit allem anderen, einen passablen Eindruck.

Jacob war schon mitten in der Arbeit, das Vieh in Haus und Hof zu versorgen, und erwartete sie mit verdrossenem Gesicht und ein paar mürrischen Bemerkungen bezüglich ihrer Verspätung. Er verstand die Welt nicht mehr, als sie so vor ihm stand, sah sie abschätzend an *und zweifelte offenbar an ihrem Verstand. Da bedurfte es nicht einmal einer Frage. So* verabschiedete sie sich nur mit wenigen Worten für den Tag, um in ihre Heimatstadt zu fahren, in der sie schon so lange nicht mehr gewesen war. Erklärungen, Jacob gegenüber, würden folgen müssen. Fürs erste hoffte sie nur, daß er es vielleicht im Laufe des Tages ein wenig begreifen, und letztendlich verzeihen werde.

Rosa fuhr mit dem Zug in die Stadt, in der sie einst geboren und aufgewachsen war. Sie befand sich einige Stunden weit entfernt. Es war mit ein Grund, weshalb sie selten hingekommen war. Diesmal kam es ihr besonders lang vor, viel zu lange; denn sie spürte, wie sehr sie allem entwöhnt war.

Sogar ihr vertrautes Viertel, in dessen Straßen und Gassen sie einst gespielt hatte, schien ihr plötzlich so weit und so groß, und fast fremd in seinem Lärm. Und all diese Menschen, die hindurch eilten, selbstsicher und zielbewußt.

Ein wenig schmerzlich wurde ihr klar, in welch kleinen Rahmen, und an welch stillen Ort sie sich seinerzeit zurückgezogen hatte. Klein und unsicher kam sie sich vor, als ihre Füße dennoch fest entschlossen hineinstapften in die Großspurigkeit städtischen Lebens. Das Herz aber füllte sich voll Freude.

An der Schaufensterauslage einer Konfiserie blieb sie stehen, lächelte und ging hinein. Sie zeigte auf diese und jene der feinsten Pralinées, und auf ein paar Trüffelwürfel, in Kakao gewälzt, Marzipanstäbchen und Champagner-Kugeln im Mantel aus Bitterschokolade, und, ach ja, auch noch auf die mit den Kirschen darin. Sie ließ sich alles einpacken in eine weiße Lackschachtel des Hauses. Man band ihr ein hellblaues Schleifenband darum, als wäre es ein Geschenk. Kurz kam ihr dabei Jacob in den Sinn; doch der Gedanke blieb offen.

Das helle Glöckchen beim Hinausgehen erinnerte sie an das Stadtcafé aus ihrer Kindheit, in dem sie oft mit Großmama gesessen hatte, um mit Eis oder heißer Schokolade und Kuchen die guten Zeugnisnoten zu feiern. Es klang genauso lieblich und hell, und verlieh ihrer Einkehr die gleiche Selbstverständlichkeit wie früher, so daß plötzlich aufkommende Bedenken in seinem klaren Klang verflogen.

Rosa ging durch die Straßen, bestaunte die modischen Sachen in den Schaufenstern, und sah den besonderen Chic. Leise zog sie Vergleiche mit ihrer schlichten, zweckmäßigen Garderobe zu Hause. Es machte sie nicht unzufrieden, liebte sie doch ihr Leben auf dem Lande und in der Natur. Sie hatte es sich einst ausgesucht, zusammen mit Jacob. So wie es war, war es gut, und sie hatte alles was sie brauchte.

Aber Rosa wäre kein Kind der Stadt gewesen, und nicht immer noch Frau, hätte sie kein Auge für die schönen Dinge gehabt, die es für Frauen gab.

Wie hatten die Stimmen ihrer einstigen Freunde in der Nacht gerufen: „Rosa, was ist aus dir geworden? Wo warst du so lange?"

Die Traumfiguren waren mit Schuld daran, daß sie auch in einen Kosmetik-Laden ging, ein paar neue hübsche Haarspangen kaufte, und sich von den angenehmen Düften der Naturpflegemittel betören ließ: den milden Seifen, den Bade- und Körperlotionen besonderer Art; und sogar von einem feinen Rasierwasser mit dezentem, gepflegten Duft für Jacob. Zu allem nahm sie auch noch eine einzelne goldene Rose mit, die zu Hause im Bad ihren Erinnerungsduft verströmen sollte an diesen ihren Tag.

Auch an dem kleinen Laden, der idyllisch wie früher zwischen den großen Bürgerhäusern lag und seine feinen Dinge anbot, konnte sie nicht vorübergehen. In ihm gab es die herrlichsten Tücher und Schals mit dazu passenden Schmuckstücken. Rosa ließ sich verschiedene um den Hals legen. Sie sah in den vorgehaltenen, vergoldeten Spiegel und wurde von Mal zu Mal mehr entzückt und angetan von sich selbst.

Doch diese Preise! Noch nie hatte sie soviel für einen Schal ...!

93

„Dieser hier, Madame, wäre genau der passende für Sie. Er hat das feine Lind Ihres Kostüms und das Dunkelblau Ihrer Augen!" raunte die angenehme Herrenstimme des Besitzers, der ihr nochmals mit sanfter Hand, und der Stimme so nah, das feine, leichte Stück um den Hals legte, und mit einer wunderschönen, passenden Brosche den locker geschlungenen Knoten befestigte. „Nun ja, sie ist keine Kostbarkeit!" meinte er beschwichtigend zur Brosche, „aber eine selten schöne und filigrane Handarbeit!"

Rosa ergab sich willenlos, fühlte sich dahinschmelzen wie eine Wachsblume in der Wärme der Sonne, so, als habe er ein Seidenband um ihre Seele gelegt.

Draußen vor der Tür warteten die Vorwürfe gegen die Selbstgefälligkeit auf sie. Rosa aber ging mit erhobenem Kopf an ihnen vorbei und schleuderte sie über ihre Schulter hinweg mit einem Hauch von Seide in Lind und in Blau.

Am Nachmittag kehrte sie ein in das ihr noch bekannte Stadtcafé. Tischlampen und Klavierklänge verströmten atmosphärische Gemütlichkeit, und Verwöhnaromen ließen das Herz zum Ausklang des Tages noch einmal höher schlagen.

Im feinen Polstersessel, zwischen zarten Heckenrosenblüten im Design, überließ sie sich den Genüssen. Zufriedenheit war in ihr und eine unschuldige Freude. Weit entrückt von ihrer Welt spürte sie, daß es auch noch eine andere Art zu leben gab. Und so machte sich ihre Seele auf, den Tanz der stillen Blicke zu wagen, und zu erwidern, in den Klängen des Wiener Blut.

Als sie ging, nahm sie seine stille Bewunderung mit und sein gewinnendes Lächeln, und legte es ab in einen Winkel ihrer Seele, wie einen kleinen geheimnisvoll glitzernden Stein, den man an trüben Tagen gegen ein Kerzenlicht hält, damit er widerleuchtet. Und ebenso die Sache mit dem Schal und den Pralinées, den ganzen Tag, als eine süße Wegzehrung, das Herz froh zu halten auf der Strecke von dreihundertfünfundsechzig Tagen im Jahr.

~

Wie ist es recht

indem ich mit Euch bin
in Eurem Leben
und duldsam
sehe, fühle, liebe oder schweige
wenn ihr Euch verrennt
und freundlich lächelnd
mit Euch leide?

Soll ich vorher mahnen
nachher mit Euch weinen
und Verständnis zeigen
wenn Ihr fragt:
„Was soll ich tun"
und hofft auf ein
Vergißmeinnicht?

Wäre es auch recht
wenn ich mich
eines Tages liebte
soviel, sooft wie ich es mag
und mich nicht so sehr
um Euch verzehrte
Tag um Tag?

*

Heckenrosenblüten   **Aquarell**

96

So Gott will

Die Glocke aus der Kapelle unten im Tal hatte den Feierabend eingeläutet. Aber sie allein bestimmte ihn nicht, jedenfalls nicht hier oben. Hier lief alles nach einer anderen Zeit: nach den Jahreszeiten, den Sonnenauf- und Sonnenuntergängen und nach den Wettern. Sie bestimmten den Arbeitsablauf, wann begonnen und aufgehört wurde, und alle Vorgänge draußen in der Natur.

Am Steilhang hinter dem Schober regten sich noch fleißige Hände, um das trockene Heu einzubringen, bevor ein Gewitterregen alles in den Boden schlug, worum man sich so bemüht hatte. Mit Sensen hatte es gemäht werden müssen, anders als unten im Tal, wo die Maschinen ratterten. Wegen des Abhangs mußte es auch in Tragekörben auf dem Rücken zum Schober gebracht werden. Hier oben ließ sich eben alles nur mit der Hände Fleiß erledigen.

Weiß türmten sich die Gewitterwolken am düsteren Himmel. Blitze zuckten schon in der Ferne durch das dunkle Grau. Ein immer lauter werdendes Brummeln, in immer kürzer werdenden Abständen, sagte voraus, daß auch der Regen nicht mehr weit entfernt war. Immer öfter gingen die Blicke nach dem Himmel, immer flinker liefen die Füße zwischen den Reihen und Körben, sausten die breiten Rechen in den schwieligen Händen. Und immer heftiger tropfte der Schweiß von den glühenden Gesichtern.

Kühe, Rinder, Schafe und Ziegen zogen achtlos an ihnen vorbei, den Stallungen zu. Schon am Nachmittag hatte man sie instinktiv von den oberen Grasflächen herabweiden sehen, fast zusammen mit vereinzelten Gemsen, um an Höhe zu verlieren und schneller an einem geschützten Ort zu sein. Die Schwalben und Bergfinken waren aus den hohen Lüften gekommen, wie die Dohlen von den Bergspitzen, um weiter unten in die Mückenschwärme zu stoßen. Eine Herde wildgrasender Schafe am gegenüber liegenden Hang formierte sich langsam, um sich beim Ausbruch des Wetters mit gebeugten Köpfen zu einem dichten Pulk zusammenzukauern, die Jungtiere geschützt in der Mitte, so wie sie es auch in heißer Sommersonne auf einem zurückgebliebenen kühlen Schneefleck taten.

Sie hatten es zugleich mit dem Einbruch des Regens geschafft, der, begleitet von den Blitzen, so gewaltig herabfiel, als wollten sie zusammen alles vernichten. Sie schienen die Berge spalten zu wollen, und die Donner drohten sie zu brechen. Die Natur tobte und ließ ihren Urgewalten freien Lauf.

Aus dem friedlichen kleinen Bergbach unweit des Hauses war innerhalb kürzester Zeit ein gelbschäumendes Ungeheuer geworden. Ungestüm wie das Wetter stürzte er zu Tal, schlug mit wilden Armen über die Ufer, forderte, und riß mit sich fort, was in seiner Nähe war. Wie mit peitschenden Schüssen erlegte der Sturm einen krächzenden Baum. Das Wasser packte ihn und stürzte mit ihm zu Tal.

97

Der Bach nahm sich auch den Holzsteg, der seit einem Jahrzehnt über ihn hinweg zum Berghaus führte, und die Verbindung war zwischen Berg und Tal.

Regungslos still war es in der Stube. Stumm hockten sie auf ihren kargen Holzstühlen und sahen in den friedlichen Kerzenschein. Von der Mitte des großen alten Holztisches aus beleuchtete er ihre abgekühlten Gesichter und glänzte in ihren müden Augen. Niemand verlangte nach dem Feierabend, und auch niemand nach dem Nachtmahl. Man harrte aus, miteinander geborgen.

Es störte niemand, als die alte Marei, vorgebeugt mit krummem Rücken, zu beten begann, erst leise in sich hinein, dann lauter: Gott möge den Wettern gebieten, der Hl. Florian möge das Haus schützen vor den Feuern der Blitze, die Jungfrau Maria möge für sie bitten, und alle Heiligen. „Vater unser ... und erlöse uns von dem Bösen!"

Erst die Mure, die sich nahe ihres Berghauses aus der baumlosen, nassen schweren Erde löste, schien den Wettern Einhalt zu gebieten. Mit dem dumpfen, unheimlichen Ton der Erde, der alles erzittern ließ, Haus und Baum, Mensch und Tier, war sie talwärts gepoltert und hatte eine klaffende Wunde hinterlassen. Langsam rollten die Donner in die Ferne und mit ihnen die Wolken. Dann war Ruhe!

Der alte Xaver war der erste, der sich mit steifen Gliedern erhob und aus dem dämmrigen Raum einen Schritt nach draußen machte. Dann kamen auch die anderen. Schnell und kritisch gingen ihre Blicke hin und her, um die Auswirkungen des Wetters zu erfassen.
Das Bachbett, das die Mure aufgefangen und in eine schmutzige Schlammlawine verwandelt hatte, würden sie wieder ausgraben und den Brückensteg neu errichten. Mühselige und zusätzliche Arbeit stand bevor.
„Gott sei Dank!" sagte einer von ihnen, und deutete zum Haus und den Stallungen hin. Und die anderen nickten. Sie kannten die Forderung, die sie für einen Bergfrieden übers Jahr hier oben einzulösen hatten. Sie wußten auch um den Preis, den sie in dieser Abgeschiedenheit würden zahlen müssen, wenn ... ja wenn es einmal nicht wie selbstverständlich gut enden würde.

Drüben am Hang lösten sich auch wieder die Schafe aus ihrer Umklammerung, blinzelten in das sich noch kurz auftuende Himmelsblau, und ihre kleinen Glocken läuteten den Abendfrieden ein.

~

98

Abendfrieden

Die Tagesmühen
sind verflogen
die Wetter
verzogen,
zwischen den Hügeln
haben sich
Nebelschleier gewoben
für die Nacht.

Das Berghaus
hoch oben
vom Sturmwind gebogen
von Allmachtsflügeln
gehalten
von Gott gewogen
der von noch höheren Thronen
über allem hält Wacht.

*

S'Träumli

stand über der Tür des kleinen Berghauses, in dem sie lebte.
Eingebettet in ein Hochtal stand es unter den Flanken einer Gebirgskette, klein und geborgen, und unberührt vom Lärm der Welt. Es war zwar nicht mehr jung, und durch die vielen Wetter, die es durchlebt hatte, angegriffen, aber zugleich auch widerstandsfähiger geworden. Eingestellt auf seine Lage hatte es sein Dach nach des Windes Seite hin gesenkt, um ihm entgegenzutrotzen, wenn er vom Tal heraufbrauste. Auch die Bäume in seiner Nähe hatten ihren Wuchs danach ausgerichtet, wie die beiden alten Kiefern und der Apfelbaum auf dem Hügel hinter dem Haus. Mit gebogenem Stamm und schwerem Geäst standen sie geschlossen gegen den Sturm.

S'Träumli stand auf flachem, sicheren Grund, ausgemauert und mit gutem Fundament. Sein Sockel am Unterhaus war aus festem Stein und ließ keine Schneegewässer in sein Mauerwerk einziehen. Sie mußten sich in der Rinne vereinigen, die sie an Haus und Garten vorbei, in den nahegelegenen Gebirgsbach talabwärts führte. Am Oberhaus hatte es auf seinem Mauerwerk eine schützende, temperaturausgleichende Schicht aus Holzschindeln rundum, die auch schon älter war, aber unverwüstlich haltbar schien.

Gewiß, die Stürme des Frühjahrs hatten schon mächtig an den Fensterläden gerüttelt, hatten aber dem Dach nichts anhaben können. Tief vorgezogen schützte es auch die Fenster, den Eingang über den Treppenstufen, und sogar den Garten an der Hauswand. Das Dach überhaupt war das größte Beispiel von Hartnäckigkeit. Auch die dicken Eichenbalken, die sich durchs Gemäuer zogen, wirkten wie eine Stütze für die Ewigkeit.

Und so wurde es Lenas Heim!

Mild schien die erste warme Frühlingssonne auf die Bank an der Hauswand im Garten. Dort fand sie ihren Platz an der Sonne.
Da ging ihr auch in jedem Mai erneut das Herz auf, wenn die frischgegrabenen Schollen der Gartenerde die laue Luft atmeten, wenn die Rose sproß und das erste Grün, wenn die Drossel sang im Apfelbaum und die Bergfinken schlugen.

Hier in diesem alten kleinen Haus fand sie den Frieden und die Ruhe, die sie sonstwo in der Welt gesucht hatte.
Schon wenn sie die Türe hinter sich schloß, und unter ihren Schritten die knarrenden Holzdielen hörte, war sie mit ihm eins, als hätte sie keine andere Vergangenheit und sei hier hineingeboren. Sogar Großmutters alte Möbel, die mit ihr durchs Leben gezogen waren, standen wie von Beginn an eingepaßt in seiner Stube.

Manchmal schien es ihr, als träumte alles miteinander von alten Zeiten und tausche Erinnerungen aus, wenn es hier und da ächzte und knackte im alten Holz.

Mittelpunkt der großen Wohnstube war der alte gekachelte Ofen, umrahmt von einer Bank. Sein Standort sprach für seine Wichtigkeit. Er hatte zweifelsohne von Anfang an dort gestanden, hielt stand wie das Haus, und verströmte nach wie vor seine wohlige Wärme. Sie zog sogar bis zum Windfang vorne an der Türe, um jeden Eintretenden mit einem angewärmten Hauch des Willkommenseins zu empfangen. Sie wärmte auch die Badstube nebenan, und stieg die Holztreppe hoch in die Schlafkammer unter dem Dach. Und das war gut so.

Denn wärmte auch die Sonne das Haus am Tag, und schien warm durch die kleinen Sprossenfenster in die Stube, kam doch am Abend die Kühle. Mit dem Sonnenuntergang oben am Joch zündete sie selbst an Sommerabenden das Feuer im Ofen an, damit die Wärme erhalten blieb und nichts verlorenging an Gemütlichkeit.

Ja, es lebte sich gut im Träumli. Aber das Leben hier oben war nicht traumhaft. Der Alltag bestand wie überall aus Arbeit und Mühen, und auch aus täglichen Auseinandersetzungen zwischen Einsamkeitsgefühl und Zufriedenheit. Die Idylle schien so selbstverständlich und leicht, doch sie stellte zu allen Jahreszeiten ihre Forderungen an Kraft und Willen, vorallem über die Wetter.

Im Frühling nach der Schneeschmelze konnten die Sturzbäche bedrohlich werden, die sich aus vielen kleinen Rinnsalen zu einer geballten Wasserkraft formierten. Bisher floß alles Bedrohliche in einiger Entfernung vom Haus in ein tiefgelegenes Bachbett und stürzte in seiner ganzen Masse zu Tal.

Weich und haltloser waren zu dieser Zeit auch manche Hänge. Muren bildeten sich, rollten abwärts und begruben alles was ihnen im Weg stand, und hinterließen offene Wunden. Im Sommer waren es die Berggewitter, die Haus und Herz erzittern ließen. Dann war es nicht nur der Blitz, der bedrohte, sondern auch wieder das Wasser, das plötzlich da war, und auf willkürlichem Weg alles mit sich riß, war es einen jungen Baum oder einen Brückensteg.

Der Herbst dagegen war mit seinem stetig blauen Himmel über den Bergen, und seiner Ausgeglichenheit, die Krönung der Zeiten. In ihm kamen die Wetter zur Ruhe, alles schien berechenbarer, und die Natur erhielt die Möglichkeit zur endgültigen Reife.
Doch sie mußte sich zuweilen damit beeilen. Denn die ersten Schneestürme des langsam herannahenden Winters scheuten es nicht, die noch warmblühenden Dahlien, und die letzten, sorglos blühenden Rosen des Sommers, wie auch den Rest der roten Äpfel am Baum, die sich immer noch einen Tag mehr Zeit lassen wollten, kalt zu überfallen.

Der Winter war hart und lang in den Bergregionen. Er war der größte Herausforderer der Menschen, der Tiere und Pflanzen.

Vorsorge mußte getroffen werden, um vor ihm bestehen zu können. Das nach außen zur Wasserstelle im Garten führende Leitungsrohr mußte rechtzeitig entleert werden, damit es nicht platzte wenn es gefror. Die Kellerfenster erhielten eine kälteabhaltende Vorlage von innen, und auch die Türe, wie einiges mehr.

Und dann kam der Schnee. Noch bevor der Winter seinen Höhepunkt erreicht hatte, lag bereits eine dicke, weiße Decke auf dem Land. Der frostige Untergrund blieb bestehen, ließ auch den Schnee zu Eisschnee frieren, und die darauf fallenden neuen Flocken zu schwer bewältigenden Massen werden. Um einen begehbaren schmalen Weg durch den Schnee und die Verwehungen zu erhalten, bedurfte es eines unaufhörlichen, täglichen Bemühens.

Und es wollte nicht enden!

Der Winter war die Zeit der großen Geduld. Lang währte der Kampf gegen den Frost. Wenn etwas tiefer im Tal schon die ersten Knospen trieben, und sich die Krokusblüten durch die braunen, noch am Boden liegenden Gräser hervorarbeiteten; wenn sich erstes, liebliches Grün zeigte, und in den Gärten zwischen den warmen Häusern die kleinen Primeln blühten, in Gelb und in Rot, tobte er sich hier oben noch einmal aus und überschritt sein zeitliches Ufer. So schien er Jahr für Jahr dem Frühling einen guten Teil zu stehlen, weshalb sich dieser lieber gleich mit dem Sommer verbündete.

Doch in dem Wissen, daß auch ein jeder Winter eines Tages vorbeiging, und alle Stürme des Jahres so schnell enden konnten wie sie kamen; und auch mit dem Glauben und der Hoffnung auf ein wenig Glück dabei, blieb sie zuversichtlich. Denn Lena wußte, daß diese Bestandsproben in der Abgeschiedenheit unter anderem der Preis für den Bergfrieden im Träumli waren, der verdient werden wollte übers ganze Jahr.

Im Hochtal zwischen den Bergen lebte es sich ruhig, aber nicht allein. Es war vereinzelt bewohnt.

Dem Träumli gegenüber am Hang befand sich ein alter Bergbauernhof, und auf dem Grundstück neben dem von Lena das Forsthaus. Etwas tiefer gelegen, an der Straße ins Tal, hatten weitere Nachbarn einen kleinen verlassenen Berghof gekauft, und ihn schön und wohnlich hergerichtet.

In der Abgeschiedenheit, in der sie alle mit den gleichen Problemen zu kämpfen hatten, waren sie mittlerweile zu einer Wohngemeinschaft zusammengewachsen. Man sah sich, traf sich manchmal zum Kartenspiel am Sonntag, im Winter in der warmen Stube, und im Sommer am großen alten Gartentisch; auch zum Kaffee mit einem frischgebackenen Kuchen, oder saß für ein paar Minuten zum Ausspannen auf einer Bank am Haus, und redete übers Wetter und Befinden, und das Alltägliche.

Das benachbarte ältere Bergbauernpaar bewirtschaftete noch seinen Hof. Sie liebten ihre Arbeit und ihr Zuhause, in dem schon zwei Generationen gelebt hatten. Auch wenn manches schon etwas mühsam für sie geworden war, konnten sie nicht über ihren Schatten springen und zu den Kindern ins Tal ziehen.

Lena freute sich, daß sie da waren; denn sie waren herzlich und nachbarschaftlich. Von ihnen erhielt sie die frische Milch übers ganze Jahr, den selbstgemachten Käse und ihre Butter, und auch Fleisch. Zu den Erntezeiten half sie ihnen, so gut es möglich war; und wenn sie auch nur den Haushalt der Bäuerin in Gang hielt und das Essen für sie kochte, wenn sie, und die Söhne als Erntehelfer, hungrig heimkamen. Lena wußte aus Kindertagen, wie sehr in diesen Wochen jede zusätzliche Hand gebraucht wurde. Und so funktionierte es auch in krankheitsbedingten Ausfallzeiten der Nachbarin.

Ähnlich ging es auch im Forsthaus nebenan. Auch dort war zuweilen Hilfe nötig, vorallem wenn die Försterin, und Mutter von vier Kindern, einmal ausfiel. Der Weg zu Lena war der nächste, auch für die Kinder.

Sie durften ihr auch ihre Kleidung bringen zum Ausbessern und Ändern; denn sie verstand es recht gut, Es machte ihr Freude, und die Mutter war entlastet. Manchmal wurden auch Puppenkleider daraus genäht, und die Mädchen halfen mit.

Wenn ihre Mama Besorgungen im Tal machen mußte, kamen sie zum Basteln und Kartenspielen herüber, und Lena war für sie bereit. Es wurden auch Kuchen zusammen gebacken oder etwas gekocht. Die Kinder liebten es, wie alle Kinder, inbegriffen zu sein, und daß Jemand ein wenig mehr Zeit für sie hatte.

So erlebte sie aus der Nähe ihren Alltag mit und wurde darüber zu ihrer Nachbarsoma Lena. Die Familie, und auch die Kinder selbst, waren dankbar und ebenso hilfsbereit dafür. Im Winter schaufelten sie den Zugang zum Haus mit frei und brachten bei jedem Besuch das Holz aus dem Schober draußen zum Ofen in der Stube, damit es Oma Lena nicht an Wärme fehle, und manches mehr.

Es war beruhigend, in diesem Einvernehmen zu leben und füreinander dazusein. Ein Leben allein und abgeschieden in den Bergen, besonders zum Alter hin, war undenkbar.

Gemeinsamkeit macht stark, und Geselligkeit hält froh, hatte sich Lena damals gedacht, als sie in ihrem ersten Frühling oben Bongo und Fritz ins Haus holte.

Bongo, ein schwarzbraunes Gemisch von Sennenhund und Hofhund in wuscheliger Masse, von irgendwoher zwischen Bern und Appenzell, hatte von allen den höheren Rang eingenommen und sich auf seine Art einen festen Platz im Träumli erworben.

Bongo wurde zum Freund und Beschützer, und seit er erwachsen war, so etwas wie ein Partner im Alltag. Er stand zu ihr in allen Lebenslagen im Auf und Ab des Geschehens in ihrer kleinen Welt.

103

Sein liebevoller, anteilsamer Blick begleitete sie den ganzen Tag.

Eingestellt auf den Tagesablauf erfüllte auch er seine Pflichten, ruhig und gelassen nach *Sennenhund Art*.

Anfangs wohnten die zwei Seelen seiner gemischten Herkunft unvereint in seiner Brust: die sensible, ruhige und geduldige, und auch die wachsame, ungestüme und besitzergreifende, die sich oft durchsetzen wollte um jeden Preis. Er war heute so und morgen anders; denn beide bestimmten seine Jugend, und er und Lena wußten lange nicht, nach welcher von beiden sie sich richten sollten. Doch mit der Zeit brachten sie ihre Eigenschaften in einen ausgewogenen Einklang und schlossen sich zu Bongos einziger Seele zusammen. Seither wußte er selbst, und auch Lena, ihn besser einzuschätzen, und sie wurden zum Team.

Den Platz hinter dem Ofen im Haus teilte sich Bongo in seiner Großmütigkeit mit Fritz, dem Kater. Dieser ging, trotz seiner noch jungen Jahre, mit aufgerichtetem, schwarzgestromten buschigen Schwanz wie ein Waschbär daher, schon mit einer guten Portion Selbstbewußtsein, und führte ein sorgloses, im allgemeinen eigenständiges freies Leben. Er hatte nur eine einzige Pflicht, nämlich für einen mäusefreien Keller und diesbezügliche *Ordnung im Schober zu sorgen. Doch die erfüllte er mit Lust und erwartete daraufhin zur* Schale Milch auch noch ein Lob von Lena.

Ansonsten wußte sie wenig über sein Privatleben. Es war den Sommer über im Freien ausgefüllt. Dann ging er seine eigenen Wege und kam manchmal grausig nach Hause. *Wahrscheinlich hatte er es dann wieder einmal gewagt, neugierig in die Höhlen der Füchse oder sogar der Dachse einzudringen. Die aber gingen schlecht mit ihm um, wenn er sich nicht ganz schnell zurückzog.*

Seine Kampfgenossen jedoch waren die Marder. Vor ihren Löchern im Gestein verbrachte er viel Zeit, angespannt wie eine Feder und nicht ansprechbar. Lena glaubte, daß er sie alle in der Umgebung kannte, hatte er doch schon manches mit ihnen ausgetragen und sich darüber wehren gelernt. Einmal hatte es ihn sogar ein halbes Ohr gekostet; und auch die Bissverletzungen an den Pfoten hatten eine Weile gebraucht, um nicht mehr hinken zu müssen. Umso mehr forderte es ihn gegen sie heraus.

Auch am Fischfang hatte er sich einmal am nahen Wildbach geübt. Es hatte ihn unruhig und wild gemacht, die kleinen Forellen so ruhig vor seiner Nase im Wasser schwimmen zu sehen. Aber dort bemühte er sich vergebens. Seitdem er einmal bei einem Versuch fast ertrunken *wäre, ließ er es lieber bleiben und begnügte sich mit dem Fisch, den er zu Hause serviert* bekam.

Fritz ging weite Wege. Manchmal kam er sogar aus dem Tal herauf, wild und verwegen. Wenn er fortging, wußte Lena nie, ob sie ihn wiedersah. Im Sommer dauerte es manchmal Tage.

104

Umso größer war dann die Freude bei Bongo und ihr, und der Ausreißer wußte sie zu genießen.
Damit hatte er was er brauchte: heute die Freiheit und morgen das Geborgensein!

So entwickelte sich ein familiäres Gefühl. Und die Zusammengehörigkeit wuchs an jedem Abend im Winkel hinter dem Ofen über Fritzens wohligem Schnurren, eingebettet in Bongos großen, wolligen Schoß. Es war, als hätten auch sie beide begriffen, daß sich das Leben hier oben am besten in der Symbiose lebte; und daß sie nicht nur überlebten vom Essen und Trinken, sondern ebenso durch ihr Miteinander und Füreinanderdasein.

Neben Bongo und Fritz gab es noch die Hühner und die Ziegen. Um sie unterzubringen, hatte Lena den Schober neben dem Garten, gegenüber dem Haus, zu einem Stall umbauen lassen. Durch eine Unterteilung konnte genug Platz geschaffen werden für die Tiere, das Futter für den Winter, und auch noch für das Holz. In einer Doppelreihe stapelte sie es an der kalten Wand entlang, damit es, zusammen mit Heu und Stroh, im Inneren wärmte, wenn in der kalten Jahreszeit draußen die Stürme tobten.
Gut war auch, daß der Schober ein Mauerwerk unter seiner Holzverkleidung hatte, und auch noch ein stabiles Dach. So konnte er genutzt werden.

Auf einem verzweigten, dicken Baumast in halber Höhe im Stall schliefen Billi, der Hahn, und seine zwei Hennen. Da oben fühlten sie sich sicher in dem Instinkt, daß der Marder sie dort nicht erreichte. Obwohl Billi kein ängstlicher Drückeberger war, und sich durchaus Respekt zu verschaffen wußte, hätten sie keine Chance gegen den gewitzten Marder gehabt.

Es gab einige Gefahren für die Hühner, besonders im Freien. Füchse und Marder näherten sich manchmal dreist, daß sogar Bongo mit seiner furchteinflößenden Masse und der urigen Stimme, eingreifen mußte. Auch in ihm erweckten schon allein die Gerüche jener Eindringlinge Ärger, und die Respektlosigkeit, in sein Revier vorzudringen, wahre Raufeslust. Und lief ihm dann auch noch einer von ihnen über den Weg, machte er ihm mit komplett aufgerichtetem Rückenhaar und straffer Rute in grausigem Ton den Garaus, und das nicht nur den Hühnern zuliebe, obwohl er alles Zugehörige aus seiner Wach- und Hüteeigenschaft heraus schützte.
Fritz flüchtete sich bei solchen Manövern lieber auf die oberste Treppenstufe am Haus, und empfing danach seinen großen starken Freund mit zärtlichem Abschlecken.
Den Umgang mit den Mardern lernte Bongo schon als junger, wilder Hund von Tom, dem alten Hund des Bauernhofes drüben, dem sie wohl auch ein Leben lang zu schaffen gemacht hatten. Ein getötetes Tier hatte er dem jungen Bongo damals zum Spielen überlassen, auf daß sich ihm der Geruch auf immer einpräge.

105

Mit den Bussarden in der Luft wurde Billi allein fertig. Schon in der Früh, wenn sie ins Freie gelassen wurden, beobachtete er sogleich die Lage zu Lande und in der Luft und schmetterte vorsichtshalber einen wilden Hahnenschrei zum Himmel. Er war auf ihre Attacken eingestellt, wenn sie plötzlich da waren und wie ein Schatten herunterfielen. Aber auch sie schienen seine Stärke zu ahnen und drehten oft bei, wenn sich Billis Nackengefieder angriffslustig sträubte, und sein feuerroter Kamm ihnen entgegenleuchtete. Bei einem Kampf wären die Federn geflogen, da konnte man sicher sein, bei den Bussarden wie bei Billi. Unterlegen wäre er nur dem Lämmergeier gewesen, der auch ab und zu einmal von weiter her das Hochtal überflog.

Daß es hier oben ohne einen Hahn nicht ging, eines unverdrossenen Naturburschen wie Billi, war Lena schon damals klargeworden, als sie die Hühner mit heraufgebracht hatte und die Bussarde am Himmel kreisen sah. Ihr Leben würde ein kurzes werden. Billi, ihr Beschützer, aber machte seinem Namen Ehre; denn ihm, und natürlich auch Bongo und Fritz hatten sie es zu verdanken, daß sie nun schon das zweite Jahr überlebten.

Den Platz im Stallschober am Fenster hatten die beiden Bergziegen Mona und Mimi, ihre Kleine. Von da aus entging ihnen nichts im Innenhof. Durch die alten kleinen Fensterscheiben konnten sie am Morgen die Sonne aufgehen, und im Winter den Schnee fallen sehen.
Braun und schlank waren sie, und grazil wie zwei Rehe, doch mit dem Unterschied, das die Ohren ihrer Rasse herabhingen und sie keine Hörner hatten, was ihnen etwas Braves verlieh. Mona verschenkte ihre Milch für den würzigen Ziegenkäse, den Lena kleinwürfelte, und in Öl mit Salz, geschrotetem bunten Pfeffer, einer Knoblauchzehe, getrockneter roter Paprika in Streifen, Zwiebeln, einem frischen Rosmarienzweig und Oliven in Gläser einlegte. Er war so immer auch ein willkommenes kleines Geschenk an die Nachbarn, die ihrerseits Freude mit hauseigenem Bienenhonig machten.

Mona war ein ruhiges und anhängliches Tier. Sie genoß es mit geschlossenen Augen wenn Lena sie pflegte. Die junge Mimi dagegen war ein Wildfang. Frei wollte sie sein, nicht gehorchen, und die Welt allein erkunden. Wie eine Gemse kletterte sie am Berg, und ihre Sprünge über den Wildbach waren manchmal gewagt. Sie hielt damit ihre Mutter in Sorge, und auch Lena und Bongo. Denn er hatte ihre Überwachung mit übernommen, seitdem sie klein und drollig gewesen war und sich ausgerechnet ihn zum Spielgefährten auserkoren hatte, obwohl sie zwei so ungleiche Freunde waren. Bongo begleitete sie zur Weidezeit auf die Wiese am Hang und beobachtete sie vom Hof aus während des Tages.
Durch das Bimmeln ihrer kleinen Glocken am Halsband konnte auch Lena sie überall hören und wissen, woher sie klangen.
Am Abend holten sie heim. Dann war auch Bongo zufrieden, wenn er wieder alle beisammen hatte.

106

Die Anschaffung von Mona war auf eine seltsame Weise geschehen:

Bei einem von Lenas Besuchen auf dem Wochenmarkt im Tal, hatte sie am Ende des Marktes gestanden, angebunden zwischen ein paar Mauleseln und einem Pony. Lena hatte sie im Vorübergehen angesprochen, ihr über den Kopf gestrichen und ihr eine frische rote Rübe geschenkt.

Ob es das war, oder Liebe auf den ersten Blick, war schwer zu sagen, das Mona veranlaßt hatte, ihr beim nochmaligen Vorübergehen plötzlich mit losgelöstem Strick zu folgen. Lena hatte sie zurückgebracht, sie wieder festgebunden und ihr noch eine Rübe gegeben bevor sie ging, um ihre Besorgungen zu machen.

Erst am frühen Nachmittag auf dem Heimweg, als der Platz schon geräumt und man dabei gewesen war, alles zu säubern, hatte sie sie zu ihrem Erstaunen noch dastehen gesehen, inmitten allen Unrats. Sie hatte gleich nach Lena gerufen und so den Männern der Platzreinigung den Anschein gegeben, als gehöre sie ihr. Sie waren schon ungeduldig über ihren Verbleib gewesen und hatten ihr zugerufen, daß sie dort nicht mehr zu stehen habe, und daß sie die Ziege endlich wegnehmen solle, da man sie ansonsten losbinden und laufen lassen werde.

Lena hatte sich daraufhin umgesehen, wem sie gehören könnte, war in den Gasthof am Markt gegangen, um nachfragen zu lassen; doch niemand hatte etwas über ihren Verbleib gewußt. „Können Sie eine Ziege brauchen?" hatte der Wirt sie gefragt. „Nein, ja!" hatte sie verblüfft geantwortet. „Dann nehmen Sie sie doch mit!" hatte er gesagt, um die Angelegenheit zu regeln. „Ziegen gibt es genug!"

Überrascht und unschlüssig war sie hinausgegangen, hatte noch einen Augenblick in Gedanken darüber gewartet, bis die Geduld der Männer draußen offenbar ein Ende hatte und einer mit der Ziege und dem Strick in der Hand auf sie zugekommen war. Sie hatte ihn genommen und war gegangen.

Lena ging gern zu den Wochenmärkten ins Tal, außer im Winter. Manchmal nahm sie auch Bongo mit. Er liebte es, mit hinuntergehen zu dürfen. Doch im vergangenen Sommer kam es anders. Bongo hatte sich auf dem Markt zu verschiedenen Unbeherrschtheiten hinreißen lassen und bekam Platzverbot.

Am Geflügelstand hatte er nach einem frisch geschlachteten Huhn geschnappt, dessen nackte Flügel direkt provozierend vom Stand herunterhingen.

Ein anderes Mal konnte er nicht abwarten, sein kleines Stück Wurst zu bekommen, und hatte sie einem Kind aus der Hand geschleckt, das sie ihm wohl wegen seines rührenden, bettelnden Blicks, vor die Nase gehalten hatte. Die Mutter aber hatte es als eine Belästigung empfunden, und Lena hatte sich verständnisvoll entschuldigt.

107

Doch sein Husarenstück hatte er sich eines Tages bei der Metzgerin geleistet:
Er hatte ihr, schnipp-schnapp, eine Kette kleiner zusammengebundener Würstchen aus einem leichtsinnig abgestellten Korb neben dem Stand gestohlen. Alle hatten es zu spät gesehen, erst als er schon in vollem Eifer mit seinen Leckerbissen beschäftigt gewesen war. Die Metzgerin hatte ihm mit einem lauten Schrei einen Gegenstand zugeworfen. Bongo hatte sich erschrocken von Lena losgerissen und war davongerannt, die Wurstkette neben sich herziehend.

Da Bongo nun kein unübersehbarer Hund war, und die Beschimpfungen der Metzgerin laut genug gewesen waren, war er im Nu zum Streitobjekt der Marktleute geworden. Während die einen der Meinung gewesen waren, Hunde hätten hier nichts zu suchen, es müsse endlich ein Verbotsschild her, hatten einige andere etwas milder und verständnisvoller geurteilt, zu Bongos Vorteil. Wahrscheinlich hatten sie selbst einen Hund zu Hause gehabt. Einen offenen Korb mit Würstchen stelle man auch nicht auf den Boden, hatten sie vorwurfsvoll gemeint. „Wo bleibt denn da die Hygiene?" hatte ein Kunde zum Metzgerstand hinübergerufen. Und eine der Marktfrauen hatte recht laut zur Kundschaft gesagt: „Wir verkaufen ja auch nicht unser Gemüse vom Boden!"
Lena war froh gewesen, nicht auch noch selbst in den Mittelpunkt der Diskussion geraten zu sein; denn sie war Bongo hinterhergelaufen um ihn einzufangen und nach Hause zu gehen.

Seit jenem Markttag mußte er Haus und Hof hüten, wenn sie ging; oder aber mußte sich damit begnügen, irgendwo am Rande des Marktplatzes, festgebunden an einen kleinen Baum, auf sie zu warten. Denn Lena glaubte, daß seine Schandtaten bei einem Erscheinen wieder lebendig werden würden.

Gerade die Metzgerin schien ein gutes Gedächtnis zu haben. Kaufte sie bei ihr ein, schon aus einer Art Wiedergutmachung wegen des Vorfalls, stand Bongos Tat immer noch zwischen ihnen. Nach wie vor schien es, als forderten ihre Blicke stillschweigend die Bezahlung der Würste, obwohl sie ihr schon einige Male einen zu hohen Preis gemacht hatte, den Lenas Blick zu ihr daraufhin stillschweigend vorwurfsvoll akzeptieren mußte.
So wurden sie am Ende quitt.

Da die Wochenmärkte alles anboten, was man so brauchte, ging auch Lena weiter hin. Aber der Hund der „Berglerin" mußte am Marktrand warten, bis er dort sein Stück Wurst von der Metzgerin fressen durfte.

Der Weg ins Tal war nicht sehr weit, aber mühsam. Die Bergler, wie man sie im Tal unten nannte, waren sich gegenseitig behilflich wenn es um größere Einkäufe ging.

Die kleine Straße war zwar eng, aber gut befahrbar; denn auch die Kinder mußten täglich zur Schule hinunter. So ergaben sich viele Mitfahrgelegenheiten. An mangelndem Verständnis füreinander fehlte es dabei nicht, waren sie doch alle in der gleichen Lage.

Nicht nur der Frühling lebte sich nicht aus in diesem Jahr, auch der Sommer. Nach einer kurzen heißen Zeit wechselten die lauen Sommernächte in die Taunächte des Herbstes und kühlten das Land. Das Flimmern der Hitze am Berg und im Tal verflüchtigte sich am Tag, machte die Sicht klar und weit, und aus dem milchigen Himmel wuchs ein Blau, wie es schöner und blauer nicht sein konnte, und breitete sich aus bis in die Unendlichkeit.

Die gute Zeit hatte begonnen!
Lange hielt sie an, und Menschen und Tiere nutzten sie, bevor auch sie zu Ende ging.
Eine große Emsigkeit war im Gange, die Früchte des Herbstes unter Dach zu bringen und vorzusorgen für den bevorstehenden langen Winter.
Eichhörnchen huschten vorbei, suchten die übriggebliebenen Nüsse, und die Murmeltiere fraßen sich von Tag zu Tag noch ein wenig mehr Speck an, um einen möglichst langen Winterschlaf halten zu können.
Ununterbrochen ästen auch die tiefer abgestiegenen Gemsen, und das Rotwild überwand ab dieser Zeit ein wenig seine Scheu vor den Menschen. Schon am frühen Abend sah man sie drüben auf der Wiese am Waldrand, jenseits des Wildbachs.
In den Nächten dröhnte das dumpfe Röhren der Hirsche. Es war meilenweit zu hören, und ein jeder wußte, daß die Brunftzeit begonnen hatte.

Auch die Alpenkrähen und Dohlen verließen die hohen Flanken der Berge und formierten sich in großen Familienverbänden. Im Winter würden sie gemeinsam ins Tal hinunterziehen zu den Häusern der Menschen, und auch die Bergler oben zurücklassen.

Schwärme von Zugvögeln kamen angeflogen, zogen zielgerichtet über die Alpen nach Süden. Verschiedentlich schon landete ein Verband im Hochtal, um sich auszuruhen, für eine Nacht oder zwei, bevor sie die großen Hürden nahmen. Sie saßen in einem dichten Pulk in der Dämmerung zusammen, drüben am kleinen Wildbachstau, oder hockten in den alten Kiefern und im Apfelbaum auf dem Hügel. Im Halbdunkel sah er aus, als habe er noch einmal volles Blattwerk bekommen.

Heute war noch ein Tag wie im Sommer. Bongo und Fritz streckten sich aus in der letzten warmen Sonne. Ihre Unternehmungslust hatte schon nachgelassen.
Während Fritz bis vor einiger Zeit immer noch seine Reisen gemacht hatte, war Bongo mitbeteiligt gewesen an den Vorbereitungen auf den bevorstehenden Winter. Er liebte das ganze Geschehen; wo gearbeitet wurde, war er mit Lust dabei.

Die Pfähle für die Absperrung der Wiese am Bach, die im Winter im Schober lagerten, hatte er vereinzelt mit zum Hof getragen, jeweils quer in seinem großen Fang. Stolz und stark war er neben Lena hergegangen, mit breitgestellten Beinen, und ab und zu hatte er ein lautes Brummen hören lassen, um auf sich aufmerksam zu machen, und in Erwartung eines dicken Lobes.

Auch für Bongo selbst mußte vorgesorgt werden, da Lena in den Wintermonaten seltener ins Tal hinunterkam.

Ihr freundlicher Nachbar, der Förster, oder auch sein Forstgehilfe, würden ihm sicher wieder, auf Lenas Bitte hin, seine Fleischkonserven mit nach oben bringen, die dann im Keller gelagert würden. Bongo kannte das. Und er kannte auch deren Platz im Regal, von wo er sie immer wieder gern, freudig wedelnd und laut knurrend, Dose für Dose nach oben trug. Zwischendurch schenkte ihm auch der Förster manchmal einen Batzen frisches Wildfleisch, wofür ihm Bongo das ganze Jahr über dankbar war und ihn stets im Vorbeifahren freudig begrüßte.

Bongo liebte auch seine beiden Jagdhunde. Zu gerne hätte er einmal so richtig mit ihnen herumgetobt. Doch er hatte nicht viel an ihnen. Entweder waren sie mit ihrem Herrn unterwegs, oder lagen zu Hause im Zwinger. Dort besuchte er sie manchmal, oder ging zu seinem alten Nachbarn Tom vom Bauernhof.

Im Großen und Ganzen aber wurden alle, einschließlich Bongo, im Laufe des Winters ruhiger und genügsamer. Zum Liegen hinter dem Ofen reichte wenig, auch für Fritz. Dieser machte seinen täglichen Gang in den Schober oder übernachtete darin von Zeit zu Zeit; denn die Feldmäuse richteten sich dort gerne für den Winter ein.

Vorallem die Säcke mit den Körnern, die der Forstgehilfe in seiner Gefälligkeit mit heraufgebracht hatte, waren vor ihnen nicht sicher. Fritz kannte sich aus. Oft lag er am Morgen, wenn Lena hereinkam, satt und schlafend auf den Säcken. Ansonsten nahm er auch mit dem vorlieb, was Lena ihm manchmal von ihrem Essen anbot.

Bescheidener wurden auch die Ziegen.

In der winterlichen Eintönigkeit waren ein paar rote Mohrrüben aus dem Keller immer willkommen. Sie lagerten dort in Kisten, mit Erde bedeckt, und hielten damit oft bis Ende Februar ihre Frische.

Auch Billi und die Hühner mochten sie gern; und so blieb kein Stückchen liegen, das den Ziegen beim Knabbern ins Stroh fiel, und ebenso wenig von den Salat- und Gemüseabfällen, als einzigstem Grün im Winter. Überhaupt die Essensreste aus der Küche, besonders von Kartoffeln und Nudeln, schienen zu den Lieblingsspeisen der Hühner zu gehören. Und wenn nicht sie, dann nahm sie Bongo an.

Auch die Nachbarin überließ Lena gern ihre Bioreste für die Ziegen in den Wintermonaten. So ging nichts verloren, und alles Eßbare wurde komplett verwertet.

Für die Ziegen und Hühner war der Winter recht erträglich. Es wurde geknabbert, gescharrt und gepickt, stundenlang, und alle waren im Einvernehmen.

Sie alle hatten es warm genug im Schober. Er war gut abgedichtet. An der Wetterseite hielt auch der lange Stapel mit kleingehacktem Holz die Kälte ab von draußen. Der Förster, als Lenas freundlicher Nachbar, versorgte sein Haus und auch das Träumli mit genügend Holz vor jedem Winter. Er organisierte, daß es fertig für den Ofen heraufgeliefert wurde. Für Lena war es eine besonders große Entlastung.

Nur für das Anzündholz mußte sie sorgen. Es hatte sich massenhaft im Unterholz der Wälder oberhalb der Häuser angesammelt und war über den warmen Sommer und Herbst gut getrocknet. Sie bündelte sich das leichte Reisig und trug es hinunter in den Schober, zusammen mit Bongo, solange noch die Herbsttage schön waren.

Eine besondere Rarität im Hochtal war das Stroh; denn es gab keinen Getreideanbau in der Region. Händler im Tal bezogen es und lieferten es vor Ort, wogegen die Genossenschaften die Säcke mit der Futterfrucht, und vieles Notwendige mehr, anboten.

Das Heu kam zum größten Teil von den eigenen Hochtalwiesen. Zusammen mit denen des Bauernhofes wurde es gemäht und gemeinsam bearbeitet. Lena erhielt dann ihren kleinen Anteil in den Schober. Dort lag es, zusammen mit den Strohballen, luftig und trocken, und zusätzlich wärmend im Winter.

Der Keller unterm Haus dagegen nahm das auf, was frisch und kühl bleiben mußte. In ihm lagerten die Kartoffel, die das Gartengrundstück hergaben, und eine Saatauswahl mittlerer bis kleinerer davon in besonderen Kisten in einer dunklen Ecke.

Endivien schlummerten in ihren Erdkästen in der Dämmerung des Lichtes; die Wurzeln steckten noch in sandigem Grund, der etwas feucht gehalten werden mußte. Ihre Herzen wurden darüber immer weißer und zarter.

Das Kraut im hohen alten Steintopf, den Lena seinerzeit mit dem Haus im Keller übernommen hatte, säuerte, frisch geschnitten, gesalzen, mit kleinen schwarzen Wacholderbeeren dazwischen, die Lena selbst oben am Waldrand vom Strauch gepflückt und getrocknet hatte, Monat für Monat in den Winter. Sie hatte es mit Wasser und einem Leintuch bedeckt, das sie immer wieder auffrischen würde. Ein dicker Stein aus dem Gebirgsbach beschwerte den Holzdeckel auf dem Tuch und preßte das Kraut in seinem Gärungsprozess zusammen, der einige Zeit dauern würde.

Die Rote Bete aus dem Garten war abgeerntet und wartete ebenfalls im Kellerraum in einer kleinen Kiste, mit Erde bedeckt, bis Lena sie eines Tages verwertete. Einige von ihnen waren bereits gekocht, geschält, in dünne Scheibchen geschnitten, und süßsäuerlich in verdünntem

111

Essigsud mit Zwiebeln, Salz, Zucker, Pfeffer, Nelken und Lorbeer konserviert. Ebenso auch ein dicker gelber Kürbis, den die Nachbarn vom talwärts gelegenen Berghaus gebracht hatten.

Der Vorraum vom Träumli eignete sich wegen seiner Kühle besonders gut für die Aufbewahrung der konservierten und getrockneten Dinge.
Da leuchteten die fruchtigen Marmeladen und das Mus aus den süßen Beeren des Sommers appetitlich aus ihren verschlossenen Gläsern im Regalschrank in der Nische. Ein Vorhang hielt das Licht von ihnen fern, auf daß kein Vitamin verlorengehe.
Die Säfte aus Brombeeren und Holunder, den wertvollen Früchten der Natur ringsum, standen mit gesenkter Fruchtdickung in den Flaschen. Und golden schien der Bergblütenhonig von den Bienen der Nachbarn in Richtung Tal.

Die Kräuter für den Gesundheitstee hingen gebündelt zum Trocknen und verströmten ein Gemisch von Düften, zusammen mit den Kräuterzweigen aus dem Garten für die Küche. Andere wieder waren mit ihren Aromen in Schraubgläsern gefangen, auch die trockenen Selleriestückchen und die roten, trockenverbogenen Streifen der Paprika.
Aus einem großen verschlossenen Glas blinzelten die gelben Blüten der Arnika-Ringelblume. Sie gedieh gut im Bergklima des Gartens, Blüte für Blüte an der warmen Hauswand. Lena hatte sie in der Mittagssonne abgezupft, als sie gerade den Wert der Sonnenstrahlen in sich speicherten.

Ein großes Büschel Minze jedoch war bestimmend mit seinem Duft. Es empfing jeden, der hereinkam, gleich am Eingang und erfüllte den Raum mit Frische. Es war ein hartnäckiges Kraut und wuchs gern wild umher. Aus einem Pflänzchen einst vom Markt, war am Gartenrand ein kleines widerstandsfähiges, frostüberdauerndes Gebüsch geworden, das den heißen Sommer über Wohlgeruch und Frische in den Garten ausatmete.

Warm und dunkel dagegen, und eingebettet in einen kleinen Korb mit wolliger Mulde, reiften die letzten Tomaten, die es im Garten nur mehr auf ein Grüngelb gebracht hatten, in Ruhe dem Winter entgegen und konnten sich Zeit lassen, ihr Geschmacksaroma zu entfalten.

Draußen in einer Ecke des Gartens standen noch Lauchstangen zwischen einigen Sellerie und Winterkohlstauden. Ein paar Rotkrautköpfe waren auch noch da. Ihr dunkles Auberginenrot leuchtete zwischen dem Grün der anderen Stauden wie Blumen am Boden.

Über den warmen Herbst war auch der nachgesäte Feldsalat gut gewachsen. Lena überlegte, ihn bald abzudecken, damit er ihr bis in den Dezember erhalten bliebe. Mit einer Plane und etwas ausgestreutem Stroh darunter, hatte sie ihn schon des öfteren noch an Weihnachten essen können.

Ähnlich mußten auch die Erdbeerpflanzen versorgt werden, daß die Wurzeln nicht erfroren.

Dahlien blühten noch in verschiedenen Farben. Ich werde auch sie noch schneiden müssen, dachte Lena, ihr ganzes Laub wegschaffen, und ihre Wurzelknollen ausgraben und ebenfalls im Keller frostsicher aufbewahren.

Auch das Haus selbst verlangte vor einem langen Winter ihre Fürsorge; denn es mußte standhalten. Lena hatte ihm schon vorsorglich ein paar Schadstellen am Sockel ausgebessert, und auch einige der Fensterläden zur Wetterseite hin überstrichen, was nicht bedeutete, daß sie dies zum Frühjahrsbeginn nicht nochmal tun müßte.
Sonne und Schlagregen hatten auch die Farben der Lädenbemalung verblassen lassen. Lena überlegte, ob es vielleicht besser wäre, bei Winterende neue Fensterläden machen zu lassen, denen sie dann eine schützende Lasur und eine neue Bemalung geben würde. Das Träumli würde damit zum Frühling ein verjüngtes Gesicht bekommen.

Die Geschäftigkeit des Herbstes hatte sie müde gemacht. Auf der Gartenbank am Haus, das noch Sommerwärme in seinen Wänden hatte, gönnte sie sich, vielleicht draußen im Freien nun bald, die letzte Muße und lauschte den Glocken der Ziegen. Freilaufend auf dem Hügel suchten sie versnoppt nach den letzten, schmackhaften Kräutlein, und knabberten an ein paar noch vom Apfelbaum gefallenen Äpfeln.

Lautlos glitten die Dohlen übers Haus; ließen sich treiben vom Wind. Lena waren sie in ihrem sozialen Verhalten sympathisch, auch wenn es unter ihnen, wie unter den Menschen, einige Zänkische gab.
Vielleicht würde ja auch in diesem Winter die eine oder andere von ihnen hierbleiben und ihnen im Hochtal Gesellschaft leisten; denn sie waren nicht gern allein und gewöhnten sich leicht an den Menschen. Und schnell kannten sie dessen Gewohnheiten.
Schon wenn Lena am Morgen ihren ersten Gang in den Schober machte, saßen sie erwartungsvoll auf dem Dach oder dem Gartenzaun.
Ob sie wieder unterm Dachvorsprung in den Nischen des Mauerwerks wohnen würden?

Vielleicht wäre ja auch wieder Pauline dabei, die Jungdohle vom vergangenen Winter, der Lena mit Hilfe des tierkundigen Försters einen gebrochenen Flügel hatte bandagieren müssen.
Sie hatte sie damals an einem kalten Winterabend, vor der Haustüre im Schnee hockend, gefunden. Ängstlich hatte sie sie angekrächzt, aber doch gespürt, daß sie in ihrer Hilflosigkeit nicht weit entkommen könnte. Schließlich hatte sie Lena fauchend und piepsend gewähren lassen, als sie sie im Schober auf einen Strohballen gesetzt und ihr noch etwas Hühnerfutter hingestreut hatte. Vorher hatte sie Fritz aussperren müssen, der sich dort schon für die Nacht auf die Lauer gelegt hatte.

113

Am anderen Morgen hatten sie sie versorgt. Schon bald war sie zutraulicher geworden und hatte begonnen, zu fressen.

Ab da wohnte sie, zusammen mit den Ziegen, mit Billi und den Hühnern, im Schober über den Winter. Es war keine Wohngemeinschaft in dem Sinne gewesen, denn die zwei Hennen waren jedesmal hartnäckig gegen sie vorgegangen, wenn es ums Futter ging. Billi hatte sich noch als der Verträglichere gezeigt. Er hatte sie lange Zeit mit ausgestrecktem Hals und scharfem Blick beobachtet, und am Ende keine Gefahr in ihr gesehen. Bei den Ziegen hatte sie nach einiger Zeit bettelnd auf dem Trogrand gesessen, wenn sie ihre Rübenschnitzel knabberten; und sie hatten ihr tolerant die kleinen heruntergefallenen Stückchen überlassen.

Die Försterskinder waren mit ihren Frühstückskrümeln zu ihr herübergekommen und hatten sie Pauline genannt.

Paulines Flügel war geheilt als der Frühling ins Land zog und die Dohlenfamilie aus dem Tal heraufgeflogen kam. Doch auf dem Dach des Hauses oder des Schobers genoß sie noch manches Mal allein die letzten Sonnenstrahlen im Sommer vor der Nacht, beobachtete ihre Pflegefamilie, rief Billi und den Hühnern ein lautes Kra-Kra zu, oder auch Lena, und träumte in den Abend hinein.

Fritz, der Schlaue, ging seit einer Maßregelung achtlos an ihr vorbei, als interessiere sie ihn überhaupt nicht, und die Dohle zeigte keine Angst mehr vor ihm, was wohl ein wenig beschämend war für einen Kater wie Fritz.

Er hatte damals, nachdem Pauline aus dem Schober ausgezogen war, eine Menge Arbeit mit den Mäusen gehabt, um alles wieder in ein akzeptables Gleichgewicht zu bringen. Sie hatten seine Aussperrung über den Winter schamlos ausgenutzt und einigen Schaden angerichtet.

Von allem müde geworden, saß Lena auf der Gartenbank und versank in Träumen:

Bald schon würden die Glocken der Ziegen verstummt sein, und kein freundlich grüßender Bergwanderer werde mehr am Morgen auf die Gipfel und am Abend den Weg ins Tal heimwärts gehen.

Die Sonne würde nicht mehr in einen hellen, himmelblauen Tag erwachen und abends im Abendrot versinken. Es würde still werden und kalt. Sie sah sich schon auf der warmen Ofenbank in der Stube sitzen, den pelzigen Bongo zu Füßen und den schnurrenden Fritz auf dem Schoß.

Doch noch leuchteten am Gartenzaun die blühenden Dahlien im Schein der letzten warmen Sonne. Schwer waren ihre rotgoldenen Bälle, und ihre violetten und sonnengelben Sterne strahlten wunderschön.

Bienen eilten noch von einer Blüte zur anderen, versanken in den Düften und trugen ein letztes Nektar fort. Schmetterlinge, zart und bunt, flatterten eilig vorbei, ahnend, daß schon

114

bald die Nacht kommen würde mit dem ersten kalten Hauch, aus der sie am anderen Morgen nicht mehr fröhlich erwachten.

„Ich werde mir noch einen letzten bunten Strauß Herbst pflücken", dachte Lena, „für den Steinkrug auf dem großen Holztisch in der Stube, und mir wünschen, daß er im Winter dort weiterblühen möge. Womöglich werde ich versuchen, auch ihn am Ende noch zu trocknen, wie die Kräuter im Vorraum, den Strauß des Rittersporn und der rosaroten Rose von der Hauswand, die dort in dicken Rosetten einen Sommer lang blühte."
Ihr Stock mußte schon alt sein. Trotz seiner bewiesenen Hartnäckigkeit würde sie seine Wurzeln dennoch mit einer Strohabdeckung und einem Stück Jute darüber bedecken; denn sie wollte ihn auch im nächsten Sommer nicht missen. Unter ihrer Strohdecke würden die zähen Wurzeln durch die klaren Frostnächte des Winters schlafen, und im Frühling unter Gottes Sonne aufs Neue erwachen.

Alles in der Natur, wie auch Mensch und Tier, wußten um den kurz bevorstehenden Winter. Wenn aber dann eines Morgens das Tal weißgereift dalag, und die Kiefern und der Apfelbaum erstarrt waren, war es verwunderlich.
Und wenn das gefrostete weiße Gras unter den Tritten knirschte, die Türme der Berge bis zum Ansatz hinunter gepudert waren, und die Luft nach Winter roch, war es gewiß.

„Ich werde wieder die Schobertür öffnen", dachte Lena, „und Mona und Mimi nach draußen kommen lassen, um sich selbst von der Veränderung der Natur zu überzeugen und sich zur Winterruhe zu entschließen." Monas Ziegenverstand würde es beurteilen, nachdem sie mit einem ihrer Rundumblicke, und zu den Bergwiesen hoch blinzelnd, die kalte Luft und die Vorboten des Schnees geschnuppert hätte.
Billi und die Hühner würden eine kurze Unterhaltung führen und hineingehen, ergeben dem, was kommen mag.
Und bald würden sie vom Fensterplatz im Schober aus träumen von den grünen Hügeln ums Haus, vom würzigen Duft der Alpblumen, und vom Sommerwind, dann, wenn die Wintersonne durch die kleinen, halbzugefrorenen Scheiben schien, und draußen alles weiß in Weiß verschwamm.

Auch Fritz würde zur Ruhe kommen und das Stromern einstellen. Im Winter genügte ihm der Schober als Jagdplatz, und ab und zu würde er einen Kontrollgang im Keller machen. Ansonsten werde er in der großen Stube auf der Fensterbank sitzen und den wirbelnden Schneeflocken zusehen. Oder seinen Platz wieder auf oder unter der Ofenbank einnehmen, und immer wieder schlafen, so wie Bongo.
Alle Tiere würden sich räkeln und strecken, sich putzen und pflegen; aus Langeweile fressen und wieder schlafen, alles in einem Kreislauf und im Instinkt, daß sie viel Zeit hätten und nichts zu versäumen.

Sie würden auch Lenas größere Zuwendung genießen und ihr über die Winterzeit mit ihren Seelen noch ein Stückchen näherrücken, weil dann nur sie einander hatten.

Lena freute sich auch darauf, bald wieder das tun zu können, wozu ihr der Sommer und Herbst keine Zeit ließen:
Malen werde sie, all das, was die Sonne des Sommers zum Blühen gebracht hatte; die Farbenbracht des Herbstes, das Land an einem frühen Morgen zwischen Tag und Traum, und die Berge im roten Schein der Abendsonne. Auch silberglänzende Schneeflächen würden es sein, und weißbeladene Tannen; die Stimmung dämmriger Tage und die des Herzens. Sehnsucht werde darinliegen, irgendeine. Aus den Sommerbildern würde die Freude sprechen, im animierenden Rot mit leuchtendem Gelb, und in Orange, verflossen im Aquarell.
Lena wußte, daß die Phantasie aufleben würde über die Arbeit in der Stille, dann, wenn die Seele etwas weicher wurde.
Mit ihren Flügeln werde sie auch Lena wieder ins Reich der Poesie tragen und Gefühle und Gedanken in Worte fassen lassen, in Lyrik und in Prosa. Vielleicht würden sie ja reichen für ein ganzes Buch?

Der Winter würde auch wieder die Zeit des Lesens sein. Lena freute sich darauf, Neues und Unbekanntes zu erfahren, und auch nochmal das Beste aus den alten Büchern zu genießen. Zeit zum Grübeln würde sie haben über den alten Weisheiten ihrer Lieblings-Philosophen; werde ihre Ansichten dagegenhalten, um dann das ihr Wahrscheinende und Überzeugendste herauszufinden.
Und zum Ausgleich zu den notwendigen körperlichen Aktivitäten während des ganzen Jahres, würde sie auch wieder gerne ihren Kopf arbeiten lassen in den fremden Sprachen, die ihr Freude machten, damit diese als ein seinerzeit mühsam erworbenes geistiges Kapital nicht ganz verkümmerten.

Auch die Garne im Korb drinnen würden locken, endlich verstrickt zu werden, in irgend etwas für die Kinder und ihre Puppen zu Weihnachten, und auch zu einer warmen Jacke für sie selbst.
Und bei all den Vorhaben werde auch noch der schöne Stoff mit ihr liebäugeln, den sie sich im vergangenen Sommer aus der Stadt mitgebracht hatte, um ihn in Zeiten der Muße zu neuen Stubenvorhängen zu verarbeiten.
Ja, Lena war sich gewiß, daß auch die langen Wintermonate ausgefüllt sein würden mit Arbeit und Freude!

Es war auch der stille Winter, in dem stets die Erinnerungen kamen an frühere Zeiten und die Gedanken manchmal in die Ferne zogen: zu den Lieben und den alten Freunden.

Dann waren wieder alle da, für Minuten ganz nah, und die Flügel der Seele berührten sie. Sie hörte ihr Lachen und fühlte ihre Umarmungen. Dann hielt sie auch wieder ein Baby im Arm, ließ sein Lächeln in ihr Herz und schenkte ihm ihres.

Sie empfand die Freuden nach und auch das Leiden um sie. Und über den guten Geist des Kosmos hauchte sie ein Bussi hinaus in die Welt, in der Hoffnung, daß es ankommen möge.

In der Erinnerung an vergangene Zeiten werde sie herumspazieren, und hier und da bei den alten Freunden einkehren, um mit ihnen zu lachen und zu reden, über Gott, die Welt und das Leben.

Sie, Lena, werde in Konzerten und Theatern sitzen und genießen, werde durch die Lichterstraßen ihrer Stadt gehen, in schöne Gesichter schauen und ihnen beim Kaffee zuhören.

Sie werde sich auch an die großen Feste erinnern, die sie feierte: jung, chic, froh und schön, mit ihrem Liebsten an der Seite.

Und da die Gedanken frei waren, und fresch sein konnten, würden sie sie vielleicht sogar an ihre Liebesküsse erinnern, und daran, wie schön jene Sommernächte waren mit dem weißen, runden Mond am Himmel, und an die Tage, in denen die Sonne schien bis ins Herz.

Doch Lena wußte auch, daß die umherwandelnden Gedanken immer wieder in die Wirklichkeit zurückkehrten und ihr das Alleinsein bewußt machen würden. Die Seele würde ein wenig darüber frösteln, auch wenn das lodernde Feuer im Ofen wärmte, und die Gegenwart von Bongo und Fritz.

Allein würde sie am Abend an ihrem großen alten Holztisch sitzen, und zu ihrem bescheidenen Wintermahl eine Kerze anzünden, eine dicke, den Winter lang brennende; und zu den Klängen eines Klavierkonzertes von Horowitz, in dem dessen sachtschwebenden Hände Tschaikowski und Schumann für sie spielten, speisen.

Allein werde sie den Wein trinken, während der Gesang von Verdis Gefangenenchor in Nabucco aus ihrem kleinen Haus in den Winterabend hinaus klänge, wo im Lichtschein vorm Fenster leis und sachte der Schnee fiel.

Und nur der Wind würde es sein, der ihr sein Nachtlied sänge oben in den weißen Türmen der Berge, bei dem sie hinübergleiten werde in den Schlaf zu den wahren Träumen, durch die die Vergangenheit wirbeln würde wie der Schnee draußen in der Winternacht, und lautlos fiele, um am anderen Morgen vor der allmächtigen Gegenwart zu verstummen.

~

117

Alleinsein
müssen

Alleinsein
dürfen

Alleinsein
können

Alleinsein
wollen

um die Fäden zu knüpfen
die dein Netz zusammenhalten.

*

Herr,

guter Geist

unseres Schicksals:

Sei

in unserer Wünsche

Morgen und Abend!

*

s'Träumli

＊＊＊＊＊＊＊＊＊